教师快速成长之路

我的工作手记

谭湘群 / 著

中国出版集团　现代出版社

图书在版编目（CIP）数据

教师快速成长之路：我的工作手记 / 谭湘群著. —
北京：现代出版社，2020.6
ISBN 978-7-5143-8698-1

Ⅰ.①教… Ⅱ.①谭… Ⅲ.①小学—教学研究 Ⅳ.
①G622.0

中国版本图书馆CIP数据核字（2020）第110217号

教师快速成长之路：我的工作手记

作　　者　谭湘群
责任编辑　窦艳秋
出版发行　现代出版社
地　　址　北京市安定门外安华里504号
邮政编码　100011
电　　话　010-64267325　64245264
网　　址　www.1980xd.com
电子邮箱　xiandai@cnpitc.com.cn
印　　制　北京政采印刷服务有限公司
开　　本　710mm×1000mm　1/16
印　　张　13.25
字　　数　231千
版　　次　2022年6月第1版　　2022年6月第1次印刷
书　　号　ISBN 978-7-5143-8698-1
定　　价　45.00元

育自己，育学生，育同事

收到湛江经济技术开发区第一小学第二任校长谭湘群老师的书稿《教师快速成长之路：我的工作手记》，翻看以后，心中颇为喜悦。

可以说，教师的职业就是育人的。这里的"人"是谁？可能大家会理所当然地想到学生。但我的看法略有不同，我认为这里的"人"首先是自己。《论语》有云："君子务本，本立而道生。"这里的"本"就是自身的成长和完善，把自己育好了，有能力、有水平了，才有资格、有水平去培育学生，"本"立好了，"道"（通"导"）也就产生了，这就是以身示范、以身立教，可以行"不言之教"了。教师育自己的目的一方面是追求自己的完善和完美，另一方面是用自身的素养做劳动的工具去教育和培养学生，这是教师的社会责任，这就是"育学生"。除此之外，我认为教师还有一个"育"的对象，那就是"育同事"。自己成长起来了，教育教学有经验、有体会了，"达则兼济天下"，要与同事建立起互助、共同成长的关系，大家好才是真的好，学校、学生也就会因为我们的"大家好"一起好起来。

书中记述了谭湘群校长几十年育自己的经历。我很欣赏她对教师形象的描述："教师应当是一股春风，掠过萧瑟的地面，唤醒沉睡的种子，勇敢地冲破泥土的阻碍，奔向光明的世界；教师也应当像一泓清泉，流过干涸的土地，滋养万物，笑看勃勃生机；教师不妨是一位智者，拿起手中的魔棒，点化生命，激发出生命欣然怒放的状态。"从中我们可以看出她为此付出的努力，以及对于阅读、对于求知、对于研究和实践的一些经验。

　　就育学生而言，我们能看到谭湘群老师的用心，这样的用心首先是基于对学生的了解。她在书中说："每一个孩子不寻常的行为后面都有一段不寻常的往事。静静地听一听他们的倾诉，弯下腰平等地与他们交流，深入他们的内心世界，用爱心去照亮那缺少阳光的角落，安全感和自信心会回到他们心中，他们才会健康快乐地成长。"在她眼中，"一个阳光、自信的学生，就像绿得闪光的小树，生机勃勃。一个个阳光、自信的学子，就是充满希望、朝气蓬勃的森林。他们欢笑着，在风雨中身姿挺拔，茁壮地成长，长成一棵棵坚韧的大树，撑起一片片绿荫，成为一道亮丽的风景线。"为了这样的梦想和希望，她从心入手，孜孜不倦，取得了不俗的教育成绩，赢得了学生、家长的爱戴和信任。

　　这是我读本书的一点体会，你可能在阅读中获得更多。

　　是为序。

陈大伟（成都大学师范学院教授）

2019年10月14日

目　录

下 篇

架心桥　育学生

上　篇

品名著　育自身

庆幸，人生一路有书香

一杯清茶，一张藤椅，一本好书，坐在安静的阳台上，惬意地阅读，这是我一直以来希望过的生活。

小时候，全家五口只靠父亲一人的工资生活，自然没有课外书读。好在外婆邻居家的小姐姐有一抽屉小人书，我那个羡慕啊！我和琳表妹每周末都去缠她："宇阳姐姐，借一本给我们看看吧！只要一本，看一会儿就行！"功夫不负苦心人。磨叽久了，小姐姐不胜其烦，规定了若干纪律之后，终于拉开了抽屉。我们那个高兴啊！《野火春风斗古城》《兵临城下》《戊戌喋血记》《我的前半生》《红楼梦》《镜花缘》《茶花女》……那些小人书线条勾画得十分精细，解说的文字简洁流畅，情节曲折动人，国外风土人情叫人大开眼界，让人一看就着迷。我们表姐妹两个常常"沉醉不知归路"，每次都要外婆和小姨多次呼唤才回家吃饭。在那个物资匮乏的年代，这些小人书，我们表姐妹久看不厌。

我家与外婆家相隔几个村庄，是一段很长的山路，加上家里负担重，我必须帮母亲承担家务，空余时间很少。但是书的吸引力太大了，我每周一定会找一个理由到外婆家去找小姐姐借书看。那时，父亲在几百公里外的城市上班，母亲带我们姐弟三个在农村生活，还要干农活，身体很虚弱，经常要吃药。有一次，我帮母亲去很远的农村卫生院买药，买好药后非常想看书，就大着胆子一路上边走边问着路跋山涉水地找到外婆家，去小姐姐家看了几个小时书才回家。平时那么胆小的我，竟然敢走过几个陌生的村子，没有害怕，恐怕只有书才有这么大的魅力。

后来，我无意中发现自家邻居的小哥哥也有不少好书，真是喜从天降！这个小哥哥的外公外婆都是中学老师，经常把过期的中小学生杂志送给他。他并不爱看，所以容易借来，正合我意。《少年文艺》《小溪流》里面那些关于少年儿童的中短篇小说、儿童诗歌、名家名篇选读、优秀少儿事迹，浓墨清香，仿佛在我眼前打开了很多扇窗子，每扇窗外的风景都叫人惊讶、赞叹、流连！

读着读着，一晃五年过去了，那些优秀的少儿书刊伴随我长大了。

进入初中，家搬到了一个工业城市，而我依旧在农村上学。寒暑假，我找到了一个更好的读书地方——父亲单位的图书室。大部头的医学书籍我看不懂，不过有报纸刊物可以看，如《名作欣赏》《红学研究》《读者文摘》《辽宁青年》……我接触到更深刻、更广泛的文学刊物。

上了师范，学校有专业的图书馆，可供阅读的书籍更多更好。《红与黑》《安娜·卡列尼娜》《西行漫记》《领导者》等一大批名著我都读了一遍。学校所在县城的新华书店也是我读书的好所在。周六、周日整天整天地读，平时每天下午放学也去读一会儿，读完记下页码，第二天再接着读。非常感谢书店的工作人员，从来不会因为我们没钱买书蹭书看而赶走我们。

参加工作后，我把生活费以外的钱都拿来买书了。《飘》《巴黎圣母院》《静静的顿河》《大地》《吉檀迦利》等诺贝尔文学奖获奖作品使我大饱眼福，也满足了自己的读书欲望。

随着年龄的增长，爱上了更多门类的书。《中国哲学史》《南怀瑾选集》《艺术史》《林肯传》……各类优秀的书籍好像一位位智者引领我观赏着生活的五彩斑斓，温馨而快乐。

结婚前，我对男朋友说，我的理想家庭建设里有一条：想读什么书，就买什么书。到如今，一面墙的大书柜里装满了我读过和正准备读的书。哲学、百科全书、文学名著、艺术欣赏、名人传记、教育名著……缕缕书香犹如春风拂过大地，沁人心脾。

庆幸，人生一路有书香。

2016年3月5日

名人传记，个人快速成长的良师益友（上）

我一直觉得：名人传记是个人快速成长的良师益友。

大约在1984年，我在书店里看到一本薄薄的书《冠军之路》。当时正是1984年我国运动健儿在洛杉矶奥运会上频频夺冠之时。报刊上、黑白电视机里，运动健儿英姿勃勃，五星红旗多次在奥运颁奖台上冉冉升起，国内掀起了一股向奥运健儿学习的热潮。看到《冠军之路》的书，我拿起就看。这本书记述了我国20世纪80年代体育冠军的成长之路，讲述健将们登上巅峰的艰难历程。描绘的众多运动员中，我印象最深的是跳高运动员朱建华。书中讲述了他克服重重困难、勤学苦练、勇攀高峰的感人事迹。记得书上写他在巷子里自己用砖头搭架子，中间放一根竹子练习跳高。功夫不负苦心人。他屡创佳绩：1979年，在世界中学生田径比赛中跳过2.13米，获得亚军；1980年，在墨西哥城举办的国际青年田径运动会上跳过2.25米，获得冠军；1984年，他跳过2.37米的高度，首次打破世界纪录；后来在德国爱博斯塔特举行的国际跳高比赛中，以2.39米的优异成绩第三次打破他自己保持的世界纪录。当时，大大小小的报刊登载着他背跃式跳高过竿的英姿、胸挂奖牌手持鲜花在领奖台上挥手致意的照片，令人非常羡慕。然而，直到看了这本书，我才知道他的成功来之不易，他的成功之路走得那么艰辛！这本薄薄的书给我打开了另一扇门，我透过闪光的奖牌、夺目的鲜花、热烈的掌声，体会到了空旷的体育训练馆里挥汗如雨的身影，感受到了宁静的小巷中不断奔跑跳跃的努力，看到了冲刺失败后痛苦流泪的孤独……没有喧哗，只有冷静的思考和年复一年枯燥单调的练习。如果心中没有目标，他怎么能坚韧不拔地走下去？！通往领奖台的路是孤独的，因为没有多少人能坚持下去！

我从小不爱运动，但是我却从这本由浙江人民出版社出版、连作者都不详的书里获取了一股强大的力量，它使十三岁的我突然明白了要为自己的理想默默奋斗的道理。它给予人的启示那么大，真是一本好书！

小时候读过的名人传记，对我影响很大的第二本书是写歌唱家朱明瑛的。书名早已不记得了。书中记述了朱明瑛从一名被"文化大革命"耽误的歌舞演员到成为国家一级演员的过程，深深地震撼了我。

已经二十八岁为人妻为人母的朱明瑛感觉自己在东方歌舞团做舞蹈演员，青春饭吃不长久，于是响应周恩来总理的号召"要学好外语……和亚非拉人民交流文化艺术，加强人民之间的友谊"。她从ABCD学起，数年如一日，坚持每天乘几小时车，到离家很远的郊区找留学生学外语、学亚非拉民间舞蹈。我至今还记得书中描写的几个细节：朱明瑛去语言学院进修几个月回家，她的儿子都不认识她了。还有她为了学外语和外国民间舞蹈，需要请假，团长说："朱明瑛，你要是能在东方歌舞团当上独唱演员，我就能当联合国秘书长！"可是，朱明瑛没有被吓倒，没有半途而废，她四处拜师，勤学苦练，终于成为一名能熟练演唱印度、巴基斯坦、非洲、拉丁美洲歌曲的独唱演员，而且边唱边舞。她多次随中国艺术团出访亚非拉表演，受到当地人民的热烈欢迎。

读完这本书，我非常崇拜朱明瑛，跟着收音机学她唱歌，收集报纸上她演出的剧照，剪下报纸上写她的文章，对她佩服得五体投地。朱明瑛的奋斗史给我的学习、生活带来深刻的影响。

因为小时候读过的这两本书，所以我对名人传记产生了浓厚的兴趣。我渴望从这些名人成长过程中汲取更多的力量，好奇他们在困境时对人生、对事业的思考，学习他们做人做事的方法。后来，我读了很多名人传记，如《钱学森传》《邓稼先传》《袁隆平传》《林肯传》《曼德拉传》《李光耀传》《德兰修女传——在爱中行走》《希拉里回忆录》《莎士比亚传》《达尔文传》《诺贝尔传》《杨振宁传》《李嘉诚全传》《海伦·凯勒自传》《胸中海岳》（冰心）、《有了爱就有了一切》（吴文藻、冰心）、《杨绛传》，还有很多当代著名企业家的传记，如《我的人生哲学》（马云）、《行棋无悔》（董明珠）。这些书给了我不同的启发。

遇到不同年代、不同作者、不同出版社为同一人写的传记，我也会买来细细品读。不同角度、不同侧重点对同一个人的描写，读后所得是完全不同的。关于钱学森的传记作品，《航天之父——钱学森》是一本简易通俗读物，适合青少年阅读，而美籍华人张如纯的《钱学森传》是对钱学森的出身、求学、工作的详细描述，对钱学森在航天航空领域取得的学术成就着墨最多，适合文化程度高一些的读者。

"开卷有益"，读好书，尤其是名人传记，多多益善。

2017年1月4日

名人传记，个人快速成长的良师益友（下）

小说，人物个性鲜明，情节跌宕起伏，故事引人入胜，令人爱不释手；哲学，思想深刻，字字珠玑，如醍醐灌顶，使人茅塞顿开。名人传记，则综合了这两者的长处，既有名人人生的沉浮、命运的起伏，又有名人对人生意义的思考、命运转折的选择，展现的是他们的睿智、聪慧。

名人传记，是个人快速成长的良师益友，我想，主要是因为以下几个方面。

一、名人的家国情怀及造福人类的人生目标，引导人们对人生目标的定位

《大学》中讲道："知止而后能定，定而后能静，静而后能安，安而后能虑，虑而后能得。"一个人只要知道自己人生所要追寻的目标，有崇高伟大的志向，就能发扬高尚的美德，谦逊有礼，虚怀若谷，激发自身最大的能量，唤起无穷的动力，最终实现自己的理想，焕发出生命的光彩。

读过《袁隆平传》的读者，对我国伟大的科学家袁隆平院士（"世界杂交水稻之父"）一定有深刻的了解。小时候目睹抗日战争中饿殍遍地的惨况后，他就立志要让人民吃饱饭。尽管国内外一直对杂交水稻的研究持批评态度，尽管"文化大革命"中，他的试验稻田被毁，实验用的禾苗被人丢到井里，但这些他都不怕，因为他的目标是那么善良、那么朴实，他通过自己的努力，不断从失败中崛起，最后取得杂交水稻的成功，解决了十几亿人的吃饭问题。如今袁隆平院士已九十岁，但他依然活跃在实验室、行走在田间地头，不能不说是伟大的志向给予了他源源不断的力量。

美国总统林肯认定"人，生而平等"，为了使黑人和白人一样享有平等的权利，他推行了一系列政策，甚至献出自己的生命。

正是这种深沉的家国情怀，决心造福全人类的精神追求，超越国土和民族，成为他们孜孜以求的不竭动力。读完这些名人传记，你会为自己蝇营狗苟、斤斤计较而羞愧，为精致的利己主义而反思，为碌碌无为而改变，为自己的人生目标重新定位，去寻求生命的意义。

二、面对多舛的命运，名人告诉我们，他们不屈不挠，始终与命运抗争

诺贝尔一生发明无数，可在研究炸药的过程中，他弟弟在实验室被炸身亡，诺贝尔没有退缩，仍旧夜以继日地研究，终于发明炸药，开创了现代人类开山、修路、开矿的高效新方法。

贝多芬听力下降，几乎听不到声音，对于一个作曲家来说，是一件多么残忍的事情。可是他没有屈服，不断向命运挑战。贝多芬在《致韦格勒书》里说："我要扼住命运的咽喉，它妄想使我屈服，这绝对办不到。"他凭借超人的意志，创作了伟大的《命运交响曲》。无数人在聆听《命运交响曲》时，都能感受到他不屈的灵魂。

读过他们的传记，面对自己的挫折、委屈，你一定会释怀：名人都曾遇到过挫折，我，一个小人物，这些事情又算什么呢？你会一笑了之，继续前行。

三、名人的伟大思想，指引我们培养自己宽广的胸怀

"大肚能容天下难容之事。"宽广的胸怀之所以难能可贵，是因为它是在生活中不断经历委屈挫折，不断受到锤炼而获得的。正如德兰修女所说的："人们经常是不讲道理的，没有逻辑的，以自我为中心的，不管怎样，你要原谅他们；即使你是友善的，人们可能还是要说你自私和动机不良，不管怎样，你还是要友善；坦诚待人使你容易受到伤害，不管怎样，你还是要坦诚待人……"

德兰修女一生都在印度加尔各答为穷人服务，被誉为"穷人的圣母"。她一生都在与贫穷以及贫穷对心灵的摧残作战，她是诺贝尔和平奖颁发以来最没有争议的一位获奖者。

正因为奋斗目标是为了国家乃至全世界，伟人们才会摒弃那些狭隘与嫉妒，放弃异见与同行合作，提携后辈竭尽所能，培养后续人才不遗余力、倾囊

相授。

读完名人的传记，你能够看到他们伟大深邃的思想，从而指导自己的言行。也许，我们永远都是一个平凡人，不能成名成家，但是这并不妨碍我们面对纷繁复杂的社会时，拥有独立的思考能力，打造自己高尚的思想境界。事实上，如果你真这样做了，会减少很多烦恼。拥有一个纯净的内心世界，不是很幸福吗？

四、名人的情感经历影响我们对待他人的态度

"有人的地方就有故事。"名人生活在群体社会中，也会遇到与人相处的各种问题。看名人传记，你会看到他们复杂多样的人生，了解他们的各种情感选择。

20世纪80年代，我国翻译出版的美国总统尼克松的回忆录《领导者》记录了当时世界上有名的政界领导，其中记述了法国总统戴高乐细心宠爱智障的小儿子，怎不叫人动情？真是"无情未必真豪杰，怜子如何不丈夫"啊！

钱锺书、杨绛夫妇伉俪情深。杨绛饱读诗书，作品已经引起轰动，但是她深深地爱着钱锺书，心甘情愿操持家务支持丈夫写作《围城》。在钱锺书去世后，九十多岁高龄的她，仍然努力锻炼身体，只为在有生之年把丈夫那几麻袋手稿整理出版。在这项工作完成之后，她再无挂念，与世长辞。这样的爱情超越了金钱物质，深沉绵长，高山仰止，日月长存，令人叹为观止。

名人丰富的情感世界能用来指导自己的情感选择。是放纵自己的欲望，还是选择心灵的陪伴？不同的选择，造就的是不同的人生。洞察人性，方能心生光明。

五、名人对待金钱的态度，引导我们思考财富的意义

金钱如粪土，情义值千金，这是中国古代一直以来的正统价值观。

诺贝尔一生发明无数，获得很多专利，拥有巨大的财富。面对这些金钱，他选择设立"诺贝尔奖"，奖励世界范围内为人类做出伟大贡献的人。

钱锺书与杨绛夫妇过着非常简朴的生活，房子几十年没有装修，地面一直是水泥地，吃的穿的更是非常简单。可他们却捐出全部财产，在清华大学设立"好读书奖"。

德兰修女离世前，她创建的"博济会"组织有四亿多美元资产，在她无数的追随者中，有七千多名正式成员服务于这一机构。可是当她离世时，她全部的个人财产就是一张耶稣受难像，一双凉鞋和三件旧衣服——一件穿在身上，一件待洗，一件已经破损。实际上，德兰修女三十七岁时，就已经是加尔各答一所天主教贵族学校的校长，但她舍弃了舒适的生活，去服务"穷人中的穷人"。

林则徐有一句名言："子孙若如我，留钱做什么？贤而多财，财损其志；子孙不如我，留钱做什么？愚而多财，益增其过。"

大千世界，茫茫人海，那些追名逐利、不择手段的人，最后往往一无所有；相反，那些不为名利而活，不懈地为人类的幸福奋斗的人，最终美名传世、财富满身。

闲来无事，不妨读读名人传记，说不定也能给你启发，至少可以了解别人是怎么活一辈子的。

2017年5月6日

精读哲学史，领悟人生智慧

——读《中国哲学简史》

一提起哲学，大多数人会认为其高深莫测、遥不可及，似乎哲学太高深，实则不然。有的人读了很多书，但是只有对知识的记忆，而无对智慧的运用。"哲学"一词出自希腊文，意思是"爱智"——爱上智慧。学习哲学，就是踏上学习人生智慧之路。

很久之前我就想读哲学方面的书籍。2013年，《读者》有一篇文章介绍国外一个人在人生的低谷时，为寻求精神支柱，遍读世界名著无果后，找到冯友兰先生的《中国哲学简史》，读后领悟到很多人生智慧。后来他参加竞选，成为总统。在这当中，中国先人的哲学思想起了很好的作用。我国台湾学者傅佩荣先生说："真理能带给我们自由，科学给予我们知识，只有哲学才会赋予我们智慧。"

读《中国哲学简史》的过程很艰难。书中引用的都是大段的古文，没有注释，生僻字特别多，只能一个字一个字地查《古汉语字典》《新华字典》。国防大学金一南教授说："做难事，必有所得。"抱着这样的信念，我不断地激励自己。每读完一页，我就抄写经典语句，随手写感悟。为了更好地读懂这本书，我又找来傅佩荣先生著的《四书》古今对照版，把《论语》《大学》《中庸》《孟子》又读了一遍。虽然花了整整两年时间才读完，但是理解更深刻，收获更多。

《中国哲学简史》介绍了自春秋战国以来中国圣人先贤的哲学思想。书中引用的各家经典文章及前人对于古代事物传统的说法，冯友兰先生均给予了辩证的评价。自春秋战国起，儒家、法家等各家代表纷纷著书立说，阐述修身立世、治国安邦的主张。蕴藏在各类典籍当中的人生智慧，可以概括为"内圣外王"。在古代，"内圣"即"立德"，"外王"即"立功"；现今，"内圣外王"就是要加强个人内心修养，从而外出入世有管理、掌控的能力。只有"内圣"才能"外王"，德高望重了，才有人信服、追随。儒家孔子主张"仁、礼"，孟子主张"民设、治世、性善、仁政"，道家老子提倡"道法自然，清静无为"和"慈、俭、让"，墨家代表墨子提出"兼爱、非攻、尚贤、节用"，法家注重"正名实、严赏罚"，秦汉之际的儒家进一步阐述和推广礼制、乐论、孝道。其后的各种主张均顺应时代的发展，适应社会的需求。还有《易经》《淮南鸿烈》用八卦、阴阳阐述宇宙间诸事物的发展、变化和循环。这些先哲的著述，纵横捭阖，博大精深，不愧为文化瑰宝。冯友兰先生"加以辩证"，"亦往往有自己之见解"，阐述的道理相当精辟。

战国时期的庄子在《逍遥游》里讲过："举世誉之而不加劝，举世非之而不加沮，定乎内外之分，辨乎荣辱之境，斯已矣。"甚至还指出人生的最高境界是"至人无己，神人无功，圣人无名"。要达到这种崇高的人生境界，就必须用先贤的智慧修炼自身，不断认识自我、战胜自我，从而获得人性的升华。沧海桑田，世事变化无常，如果内心有一份淡定从容，有一个坚守的原则，纵使狂风暴雨也不能摧折。杨绛先生历经风雨之后，曾告诫我们："人生最曼妙的风景，竟是内心的淡定从容。我们曾如此期盼外界的认可，到最后才知道：世界是自己的，与他人毫无关系。"这是中国哲学思想一脉相承的结果。

读《中国哲学简史》，你会领悟到智慧，能以此指导自己的人生。面对金钱与权力，想一想"知足不辱，知止不殆。祸莫大于不知足，咎莫大于欲得"，你就能抵御诱惑，趋利避害；读一读"心中不穷为富，被人需要为贵"，你会少一分虚荣，多一分助人；追求幸福时，念一念"凡物各有其自然之性。苟顺其自然之性，则幸福，当下即是，不须外求"，你就能掌握追求幸福的心法；《大学》告诉我们人生的目标是"明德，亲民，止至善"，终生追求"真、善、美"；《易经》的"天行健，君子以自强不息；地势坤，君子以厚德载物"，激励我们不断进取，不惧挫折……诸如此类的智慧之语，在《中国哲学简史》里比比皆是。遇到困惑时，找到相应的经典指导自己，会令你豁达开朗、通透成熟。

哲学，启发人们思辨，让我们获取人生智慧，引领我们认识世界、认清自己。凭借着智慧之光，精神能找到落脚点，灵魂能找到归宿，如同宗教、艺术一样，哲学看似无用，实有大用。

爱智慧就爱哲学吧。

【参考文献】

［1］冯友兰.中国哲学简史［M］.北京：北京大学出版社，2013.

［2］傅佩荣.哲学与人生［M］.北京：北京理工大学出版社，2011.

［3］庄周.庄子［M］.西安：三秦出版社，1999.

2017年4月16日

《红楼梦》——我国古典小说现实主义的最高峰

《红楼梦》以其独特的魅力，吸引了成千上万的读者。目前，国内外有许多红学研究团体，出版发行了几百种红学研究刊物。鲁迅说："自有《红楼梦》出来以后，传统的思想和写法都打破了。"那么《红楼梦》具体是怎样打破常规，成为我国古典小说最高成就的代表的呢？我想，可能主要是以下两个方面。

一、思想主题方面：热情讴歌大批女性

自男性在社会生活中占据主导地位以来，女性逐渐失去了独立性，成为男性的私有财产。几千年以来，男权文化成为文学史上的主角。因此，我国古代女子历来被灌输"三从四德"的思想，文学中颂扬的多是女性顺从男性意志、协助男性、忠于男性的美德。花木兰替父从军也是女扮男装，取得赫赫战功，获得朝廷的奖赏；刘兰芝、祝英台是对男子爱情的忠贞而自尽、化蝶。而这样感人的女性形象在文学史上也是屈指可数。没有一部作品像《红楼梦》一样，用鸿篇巨制来讴歌一大批女性，从一个男性的角度写出女性的高洁、美好，把女性的地位确立得如此之高。文中具体描写了金陵十二钗正册、副册、又副册里众多女性。这些女性中有出身世家、书香门第的贵族小姐，如林黛玉、薛宝钗、贾元春、贾探春、贾迎春、贾惜春、贾巧姐、史湘云、王熙凤、李纨、秦可卿；有出身贫寒或被辗转买卖的丫头，如晴雯、袭人、香菱等。她们不论出身如何，都一样美丽可爱。

她们有的文采飞扬，有的端庄贤淑，有的在管理方面有奇才，有的热情活泼、敢爱敢恨……大批女性既美丽又才华横溢，其中不乏美好的心灵。即使是地位卑微的丫鬟，也冰清玉洁、傲骨铮铮。"鸳鸯女誓绝鸳鸯偶"，鸳鸯敢于反抗不合理的婚姻，哪怕是地位显赫的主子贾赦；"勇晴雯病补雀金裘"，

只看她缝补雀金裘这种人间罕见物，就知她织补水平一流，心灵手巧，是最聪明伶俐的了。还有善良忠诚的紫鹃、善解人意的袭人……大批女性的描写，突破了以前小说描写女性人数、美德、性格的单一，她们各具风采，个个形象丰满，个性突出。同时，作品以贬抑男性、褒扬女性的姿态出现在读者面前，需要多大的勇气和多么独特的表述呀！

在曹雪芹的笔下，与象征青春美好的女性世界相比，男性世界一片污秽。作品通过宝玉的口明明白白地说，男子是"渣滓浊物而已"，并且反对传统的"文死谏，武死战"的人生道路。观点如此大胆，在男尊女卑长达几千年的封建社会历史上，非常罕见。这是一种思想上的突破，必然奠定其在文学史上首屈一指的地位。

二、写作技巧方面：先出示结局再展开过程

《红楼梦》在叙事上采用了一种很特别的方式。小说在第五回《游幻境指迷十二钗，饮仙醪曲演红楼梦》中就交代了贾府各女子的结局，而后才展示各个人物的经历和命运。但是，只有读完全篇，才能对前面人物的判词恍然大悟，对她们的命运和归宿有深刻的领会。如第五回中写贾宝玉游幻境打开"金陵十二钗正册"，其中写道："只见头一页上便画着两株枯木，木上悬着一围玉带；又有一堆雪，雪下一股金簪。"描写的这幅画包含着深刻的内涵。"两株枯木"，两木为"林"，"木上悬玉带"，即隐含"林黛玉"名；"雪"即"薛"音，"簪"又称"钗"，"金簪"即为"金钗"，隐含着"薛宝钗"。此画也暗指二人的命运。

接着，判词写道："可叹停机德，堪怜咏絮才。""停机德"指符合封建社会道德规范要求的一种妇德，取自《乐羊子妻》，乐羊子远出求学，中道而归，乐羊子妻用"停织机""割经线"为喻，劝其不要中断学业，以期求取功名。薛宝钗是一个标准的封建淑女，她一有机会就劝宝玉学些应酬业务，讲些仕途经济，便于日后博取功名富贵。作者首先叹惜她命运之悲惨，后写"金簪雪里埋"，暗指她虽然实现和宝玉结婚的愿望，但她并没有得到爱情和幸福，自己也成了封建社会的牺牲品。

"堪怜咏絮才"是林黛玉的判词。作者对薛宝钗是叹惜，而对林黛玉则是深深的怜惜。"咏絮才"指的是东晋女诗人谢道韫的典故。一日下雪，叔父谢

安召集子侄学写诗。面对鹅毛大雪，谢安问："何所似也？"道韫答："未若柳絮因风起。"谢安大为赞赏。后来人们便把在诗文创作方面卓有才华的女子誉为"咏絮之才"。小说中也写到林黛玉写诗才华横溢，教香菱写诗才知她诗书满腹。可是，林黛玉纵然文采斐然，最后只落得焚稿断痴情的悲惨结局，怎不叫人怜惜呢！

写元春的：

> 二十年来辨是非，榴花开处照宫闱。
>
> 三春争及初春景，虎兔相逢大梦归。

写探春的：

> 才自精明志自高，生于末世运偏消。
>
> 清明涕泣江边望，千里东风一梦遥。

写妙玉的：

> 欲洁何曾洁？云空未必空。
>
> 可怜金玉质，终陷淖泥中。

每首诗都预示着人物的命运，要等到相关的情节出现，读者才能心领神会。

由于《红楼梦》采用先用古典诗词、绘画（通过语言描绘）影射人物命运的倒叙手法，加之初稿部分已失，使故事情节、人物命运更加扑朔迷离，为读者提供了想象、推测的空间，诱发读者一次次研读，探讨其丰富的内涵。正是这种草蛇灰线的写法，令读者回味无穷。

自《红楼梦》问世以来，研究《红楼梦》的著述可谓汗牛充栋。在很多人看来，《红楼梦》是一部记录并创造了古代文明成果之精华的百科全书，除了文学以外，服饰、化妆、器用、建筑、园林、饮食、医药、戏曲、音乐、美术、游艺等，几乎涵盖了所有人类智慧和劳动的结晶，研究红学的人总是有"取之不尽、用之不竭"之感。用"鸿篇巨制"之类的词语来形容《红楼梦》远远不够。

《红楼梦》作者继承了我国历代民族文化传统，如诗歌、散文、戏剧、绘画，特别是继承并发扬了《牡丹亭》《西厢记》这些优秀作品的思想内容，又创造发展了古典小说在题材和描写手法上的优势，使《红楼梦》在思想内容、写作技巧方面成为我国古典小说现实主义的最高峰。

1997年2月16日

情动于衷而溢于言行

——《宝玉品茶栊翠庵》中妙玉形神的辩证运用

妙玉是贾府祖庙栊翠庵中带发修行的尼姑。她出身不凡，心性高洁。第五回薄命司中她的判词是"欲洁何曾洁？云空未必空"。虽然她吃穿都追求洁净，却终究摆脱不了世俗的命运。作为一名妙龄少女，即使她身处佛门，整天吃斋念佛、修行、追求脱俗，在接触宝玉之后，仍禁不住内心的爱慕，但是由于环境影响和她所受的封建礼教法规及佛门教育，使得这一切无从表露。在《宝玉品茶栊翠庵》中，妙玉的行为从正面流露出情，言语却反作用于情，形成了一种独特的微妙的关系。

宝玉跟着宝钗、黛玉来栊翠庵品茶，进来之后"笑道：'偏你们吃体己茶呢'"，"体己"乃"知己"之意。是不是薛、林二人真是与妙玉成了知己呢？文中并没有写，却从另一个角度写出了妙玉对宝玉的知己之意。

道婆收拾了刘姥姥喝过的茶盏，妙玉连忙命搁到外头，此时宝玉细心观察，马上会意，懂得妙玉有洁癖，又身处佛门，才会知道她是"嫌脏不要了"。正因为如此，妙玉只拿两只罕见的杯子给薛、林二人品茶，却拿自己常日吃茶的绿玉斗来与宝玉喝茶。按世俗的看法，此举是轻看了宝玉，实则不然。妙玉样样追求脱俗，这个绿玉斗也必不凡，她给同性女子拿另外的杯子，对异性男子却用自己的茶杯，"欲洁，何曾洁了？""云空，又何处为空？"可见，她把宝玉视为知己，不加丝毫介意。这一个动作恰到好处地反映出了妙玉的情思。

而当宝玉说这个绿玉斗是俗器时，妙玉反驳，宝玉笑道："到了你这里，自然把那金玉珠宝一概贬为俗器了。"正是宝玉摸清了妙玉的脾气，投其所好，于是才有"妙玉听如此说，十分欢喜"。此时，妙玉对宝玉那种感觉更像是知己了。

但是她作为佛门女弟子，不能直接表露，只能从反语中表现。于是她又取出一个大盏，故意讥笑宝玉，并用尖刻的话教训他。宝玉品茶之后，赞赏不绝。妙玉又用言语激他："独你来了，我是不能给你吃的。"以掩盖内心的情感。宝玉深知她外在的言行包含的情意，便也用反语笑道："我深知道的。我也不领你的情。"这时，妙玉才用一种知己的话说："这话明白。"从这可以看出，正是因为妙玉的孤高，使她言语中处处采用不同一般的反语，而这些语言反过来又表现她"欲洁""云空"的人生追求。

从《红楼梦》这部作品，可以看出人们的形（言、行）与神（情感）的辩证关系。艺术家描绘"形"，是为了更好地表现"神"，正如顾恺之提出的"以形写神"。

1997年1月26日

王国维的诗词"境界说"

"词以境界为最上。有境界则自成高格,自有名句。"王国维的这一主张说明他已把"境界"作为文学批评的最高审美标准。"境界"单言之则称"境",重言之则称"境界",换言之又称"情境"。我国古典文论中关于"意境"有几种不同的看法。

一、把"境界"理解为"兴趣"

此"兴趣"来自先秦文学的"赋比兴",非现代的"兴趣"。此说法的特点是或明或暗地把"意境"等同于"意",使之偏于纯主观的审美感受。我国古典文论中有"妙悟说"(严羽《沧浪诗话》)、"韵味说"(司空图《与李生论诗书》),均与"意境"的"意化"理解有关。

二、注意到了"境"

《旧题王昌龄〈诗格〉》一书称诗有三境:"物境、情境、意境。"意境仅是诗境的一种,是作者"张之于意而思之于心",所得实质上也是"意"。这里,"意境"则指艺术家的想象之"境"或作品"事境"所表明的情趣与气氛。

三、真实地反映客观现实的图景和作家主观的情感

还可以把意境分为两部分内容来理解,认为意境不仅指真实地反映客观现实的图景,也包括了作家主观的情感,它是以主客观统一的概念出现的。

这种说法影响很大,因为它不脱离作品中的真境、实境、事境来理解意境,注意到了意境本身的客观因素与具象性以及意境所反映的作家情感的主观性。这种说法的代表人物主要是王国维。王国维对境界的理解有两个因素:

①真景物，②真感情。

王国维在《文学小言》中说："文学中有二原质焉：曰景，曰情。前者以描写自然及人生之事实为主，后者则吾人对此种事实之精神的态度也。故前者客观的，后者主观的也；前者知识的，后者感情的也。"而境界须有二者结合才是最好的文学作品。王国维说："故能写真景物、真感情者，谓之有境界，否则谓之无境界。"

王国维同时举例加以说明，"'红杏枝头春意闹'，着一'闹'字，而境界全出。"为什么这个"闹"描绘了境界呢？因为它既描绘出春天生机盎然、百花争艳的美景，又由这个"闹"的拟人手法运用，启发读者想象：似乎红杏都在为争春比美而窃窃私语，似乎众多红杏都在唱着、笑着，热闹非凡。由此表达出作者看到红杏闹春的喜悦、欢欣。这是情与景的完美结合。

"云破月来花弄影。"这句描绘月下花姿摇曳，"弄"字传达出花儿似乎也多情，在柔美的月光下羞答答地顾盼多姿，表现出作者宁静、悠闲的心境。

王国维选取一个动、一个静，说明描绘意境时，既要写景，又要抒情。那么，这两者是什么关系呢？王国维进一步从作者的写作目的来分析："一切景语，皆情语也。"也就是说，写景为抒情，抒情更衬托景物描写的传神。

白居易的《长恨歌》里写杨贵妃死后，唐玄宗触景生情："行宫见月伤心色，夜雨闻铃肠断声。"苍白的月亮同行宫里的主人一样伤心欲绝，雨夜听到铃声就肝肠寸断。缠绵悱恻的相思，荡气回肠，情为景语，景为情长，情景交融，千古传诵。

被誉为"花间美人"的元杂剧《西厢记》中"长亭送别"二曲唱词也是情景交融的杰作。曲词写道："碧云天，黄花地，西风紧，北雁南飞。晓来谁染霜林醉？总是离人泪。"作者先用四种景物勾画出深秋时节郊外凄凉肃杀的景色。"碧"为青绿色，"碧云"理解成乌云更恰当，与后文"西风紧"联系起来，正是阴雨前兆。天上乌云翻滚，地上到处是零落的黄花，秋风一阵紧似一阵，使人倍感秋的萧瑟无情。大雁南飞，寒冬将至，更衬托出主人公因离别而引起的痛苦压抑之情。"晓来谁染霜林醉？总是离人泪。"一个"醉"字把红色的霜林点染出来，同时也把它和离人的眼泪联系起来，人物的伤感同自然界联系在一起，突出主人公的忧愁苦痛。同样写霜叶，杜牧的《山行》中"霜叶红于二月花"，用"红"表现对深秋霜叶美景的欣喜和赞美。所以，因需要表达的情感不同，用字区别很大。

王国维的"境界说"对情境的论述指出好的文学作品应是客观描述与作家主观情感的完美结合，是对历代文学意境的总结。

1997年3月30日

最美意境（上）

　　王国维，是集史学家、文学家、美学家、考古学家、词学家、金石学家和翻译理论家于一身的学者，生平著述六十二部，批校的古籍逾两百部，被誉为"中国近三百年来学术的结束人，最近八十年来学术的开创者"。王国维在文艺领域影响最大、流传最广泛、最受人传诵的，则是他的《人间词话》。

　　王国维选取历代诗词来描述最美的境界，如"明月照积雪""大江流日夜""中天悬明月""长河落日圆""夜深千帐灯"等。

　　"明月照积雪"出自南北朝谢灵运的诗：

岁 暮

> 殷忧不能寐，苦此夜难颓。
>
> 明月照积雪，朔风劲且哀。
>
> 运往无淹物，年逝觉已催。

　　一年将尽，长夜寂静，殷忧难忘，彻夜难眠，值此岁末，不觉感怀。"明月照积雪"表现的是一种沉郁凝重之美。

　　"大江流日夜"出自南北朝谢朓的诗：

暂使下都夜发新林至京邑赠西府同僚

> 大江流日夜，客心悲未央。
>
> 徒念关山近，终知返路长。
>
> 秋河曙耿耿，寒渚夜苍苍。
>
> 引领见京室，宫雉正相望。
>
> 金波丽鳷鹊，玉绳低建章。

驱车鼎门外，思见昭丘阳。

奔流不息的江水，如同诗人内心的悲愤。耿耿银河，苍苍夜色，依依惜别的同僚，何时再相见？唯愿自己如同鸟儿般冲破森罗，高飞入天空。"大江流日夜"表现的是一种雄浑悲壮之美。

"中天悬明月"出自唐代杜甫的诗：

后出塞五首（其二）

朝进东门营，暮上河阳桥。

落日照大旗，马鸣风萧萧。

平沙列万幕，部伍各见招。

中天悬明月，令严夜寂寥。

悲笳数声动，壮士惨不骄。

借问大将谁？恐是霍嫖姚。

草原辽阔，明月高悬，军令森严，荒漠沉寂，悲笳忽起，将士肃然。"中天悬明月"表现的是一种森严悲壮之美。

"长河落日圆"出自唐代王维的诗：

使至塞上

单车欲问边，属国过居延。

征蓬出汉塞，归雁入胡天。

大漠孤烟直，长河落日圆。

萧关逢候骑，都护在燕然。

蓬草飘摇，大雁回归，黄沙莽莽，烽烟直上，长河落日，温暖而又苍茫。"长河落日圆"表现的是奇特壮丽之美。

"夜深千帐灯"出自清代纳兰性德的词：

长相思

山一程，水一程，身向榆关那畔行，夜深千帐灯。

风一更，雪一更，聒碎乡心梦不成，故园无此声。

山重水复，征途艰难，风狂雪骤，故园难忘。"夜深千帐灯"表现的是一种慷慨壮丽之美。

苏轼在《赤壁赋》中写道："惟江上之清风，与山间之明月，耳得之而为声，目遇之而成色，取之无禁，用之不竭。"亲临美丽的意境，心旷神怡，流连忘返。

"明月照积雪""大江流日夜""中天悬明月""长河落日圆""夜深千帐灯"。读着这些诗词，仅仅是简单的五句，便展现出了一幅幅奇特美景，令人一念难忘，这是诗词的魅力。

"词以境界为最上。"同样，语文教学作为文学艺术的一种，在课堂上通过语言朗诵或音乐、影像营造意境，给学生以启发和感悟，在景中融入情，抒情时再现景，既言传又意会，妙不可言。

2019年6月16日

最美意境（下）

黄山以云雾、奇松、怪石闻名天下，风景变幻莫测，有"黄山归来不看岳"的美誉。我曾经爬过黄山，亲身感受到黄山雾从山谷间倏然飘来，坐在光明顶上——游人聚集处，雾一团团从山下涌上来，转眼间就把一切都笼罩了，缥缈神秘，犹如仙境。

在江西庐山含鄱口，丽日晴空，看薄雾在江面升腾变幻，也别有一番情趣。印象最深的是在庐山山谷一处草地上，两边高山林立，树木苍翠挺拔，当时游人稀少，几个同行的小女孩正在草地上载歌载舞。忽然一团浓雾顺着山坡，从天而降，大家欣喜地喊叫："来了！来了！"一时间，老、中、青都欢快地迎接云雾的到来。雾一下子围裹住大家，我们在雾里喊叫唱歌，如此，只觉得飘飘欲仙，神仙也莫过如此。十多分钟后，白色的浓雾随着风慢慢飘逝，近处的花草渐渐显现出来。这次神奇的体验使庐山之行成为我最美好的记忆。

"九寨归来不看水。"在黄龙，沿着木栈道，身边流水相随，或平缓，或潺急，深的，幽幽不见底；浅的，沙石可露；古的，枯木浸染，绒绒的绿苔柔柔地在水底漂荡；新的，柳枝嫩叶在水面漂游。到达山脚，一汪汪黄、绿、蓝，迷幻的色彩，仿佛天上的瑶池、神仙打落的调色板，闪着色彩的光波。神奇的九寨沟，美轮美奂的九寨水。

我最喜欢的景点是云南大理纳西族的祈福之地。在玉龙雪山脚下，一个灵山秀水的圣洁之地。水是皑皑白雪融化之后流淌汇聚而成。一个个形状圆润的小池塘，水中一种特别的鱼轻灵自在地游着，四周杨柳依依。靠近源头的地方竖立着纳西族的图腾，棕黑的颜色，古朴的雕刻，幽静的环境，人也变得纯净通透。纳西族人民来此举办祈祷仪式时，一边用独有的纳西语祈祷，一边用特有的歌舞拜祭。仪式完毕，用木勺轻舀潭水，喝水静心，洗濯双手，象征回到婴儿般的纯净。每年到玉龙雪山旅游的游客有十几万人，但这里平时很少开放，所以保存得很好，还保持着古朴天然的风貌。神圣的雪山之下空灵宁静，坐在石凳上，听流水潺潺，环顾四周，只觉得进入一种浑然忘我的境界，无欲无求。

2019年6月23日

何为传世之宝

——读《百年孤独》

为了让子孙后代延绵不绝、衣食无忧，古今中外，做祖先的都是拼了命的努力奋斗。有的建功立业，封爵受赏，死后把爵位传给后代，希望确保子孙永受荫庇，世代享有荣华富贵；有的拼命攫取钱财，恨不得天下财富尽归其所有，金银财宝全部遗赠子孙，自以为从此无忧；还有的传承独家技艺、祖传秘方，唯愿子孙靠一技之长、一秘之方独闯天下、流传千古……总之，希望有一个万全之策、传世之宝能确保子子孙孙万万年。

两千多年前，孟子说："君子之泽，五世而斩。"后来诠释为"道德传家，十代以上，耕读传家次之，诗书传家又次之，富贵传家，不过三代"。到后来，就流传成了一句俗语："穷不过三代，富不过三代。"意思是说，贫穷可能励志，富贵也可能造就败家子。那到底何为传世之宝呢？拉丁美洲的哥伦比亚作家加西亚·马尔克斯似乎想用他的代表作《百年孤独》来与世人共同探讨这一问题。

《百年孤独》是一部魔幻现实主义长篇小说，是一部非常需要耐心读下去的书，特别是对于中国读者。因为作者在短短一百年里设置了布恩迪亚家族七代人的命运，容量非常大。外国人名，尤其是家族名字后缀完全相同，长长的一大串，并且外国人又喜欢给孙子孙女取一个和自己爷爷奶奶相同的名字，所以读起来颇费脑筋，也考验人的耐心和记忆。

历史上，从1830年至19世纪末的70年间，哥伦比亚爆发过几十次内战，数十万人丧生。《百年孤独》通过描写布恩迪亚家族百年七代的兴衰、荣辱、爱恨、福祸以及马孔多小镇的变迁，反映了拉丁美洲这段风云变幻的历史。该作品既真实地描写了哥伦比亚百年沧桑的历史，又融入拉丁美洲的神话传说等魔幻色彩，成为20世纪重要的经典文学巨著之一。1982年，作者加西亚·马尔克斯获得诺贝尔文学奖。

有人说，读书就要"把厚书读薄，再把薄书读厚"。大概意思是，一本厚书读完要用简洁的语言总结出主要内容，说出自己的感受；读书时要用心，读完要记得具体内容，当看到书的内容梗概时，又要能够准确地讲出书的内容来。

《百年孤独》中布恩迪亚一家七代众多人物的命运特点，我不想在这里一一赘述。2015年暑假，当我读完这本书时，印象最深的是书中的乌尔苏拉和费尔南达，感受最深的也是乌尔苏拉和费尔南达。

中国有一句古话："一个好女人旺三代。"广东地区也流传着一句话："一代好祖母，三代好儿孙。"大意是说，一个好的女人，既是好妻子，能辅佐丈夫成就一番事业，又是好母亲，能教育子女成才，还是一个好长辈，使孙辈受益。

乌尔苏拉没有什么文化，也没有什么深刻的思想，但是，她善良、勤勉、坚毅、有主见、有活力。她是家族的灵魂、支柱。她陪着丈夫何塞·阿尔卡蒂奥·布恩迪亚以及丈夫的朋友一家离开村子，经过两年的艰难跋涉，来到滩地，白手起家，创建了马孔多小镇；她具有从其祖父那里学来的经商才能，在小镇还是一片荒芜时，她做起了甜食和小动物糕点生意，为家庭积累财富。当她的丈夫沉迷于在实验室冶炼金子、醉心于自己的"事业"时，乌尔苏拉成为家里的顶梁柱。后来，丈夫精神错乱，家人只好把他绑在树上。尽管时光流逝，家里的丧事接二连三，苦痛不断增加，乌尔苏拉却依然精心扩展生意，她时常说："只要上帝还让我活着，这个净出疯子的家里就缺不了钱。"她富有，却反对浪费。当她的曾孙奥雷里亚诺第二主持家务，疯狂挥霍，生活奢靡，她都要大声斥责，她恳求上帝："让我们和当初建村一样穷吧，免得下辈子你为这样的浪费惩罚我们。"她爱财，却不贪财。修理房屋时，发现了陌生人寄存的一尊真人大小的雕像摔碎后里面滚出的两百公斤共计七千多枚金币，她只是"朝着壮观的金币啐了一口，把它们装进三个帆布袋，埋在一个秘密的地方，等待那三个陌生人早晚来讨要"。直到她老年迟暮，尽管已变得痴呆，家庭贫困，曾孙千方百计想问出藏宝地点，她仍能守口如瓶。

乌尔苏拉的儿子奥雷里亚诺曾领导哥伦比亚国内革命，与腐败的政府军战斗，但是她反对激进的革命。她儿子的死敌——政府军将军何塞·拉克尔·蒙卡达要被处决，她出面干预，只是从最朴素的感情出发："他是我们马孔多有史以来最好的长官，他心肠好，待我们多亲切！"她叫上所有生活在马孔多的革命军军官的母亲，一个接一个地颂扬蒙卡达将军的种种恩德。她痛骂自己的儿子忘记了自己的承诺，骄傲地宣称只要他敢杀害自己的朋友，就把他拖出来亲手打死。她没有因为爱自己的儿子就庇护、支持他所做的一切，她只是从最纯朴大众的基本良知出发来做这一切。

为了整个家族的发展，乌尔苏拉一直苦苦支撑，即使她完全致盲，仍然精心掩饰，继续操劳，一直到第六代出生。她苦苦努力，希望后代永远远离"战争、斗鸡、淫荡的女人和胡思乱想的事业"。

布恩迪亚家族即使有乌尔苏拉，也敌不过岁月。她的曾孙奥雷里亚诺第二在马孔多小镇的狂欢节上认识了外来的选美女王费尔南达·德尔·卡皮奥后，布恩迪亚家族的命运就急转直下了。

费尔南达出生和成长在三十二座丧钟同时敲响的一座阴风惨惨的城市，距离大海一千多公里。她的家庭曾经权势无比、财富无边，却残酷阴森、死气沉沉，为了把费尔南达培养成"女王"，竟把她自幼与外界隔绝养育。好色的奥雷里亚诺第二看到她，一时鬼迷心窍，穿越杂草丛生的荒野，向她求婚。费尔南达嫁入布恩迪亚家族后，就开始了严酷的变革，家庭的发展走向完全变样了。她把自己娘家那栋古老冰冷的深宅大院中的堂皇陈设，一件件转移到布恩迪亚家敞亮的房子里，把家里装扮得如同祭堂。她不仅拒绝在热风经过时开门，还命人用十字架木条钉死窗户，严格遵循娘家的教导，过着活死人的生活。她的父亲堂·费尔南达甚至把自己已经发臭的尸体装在棺材里作为礼物送给自己的女儿女婿和外孙们。

奥雷里亚诺第二的母亲桑塔索菲亚·德拉·彼达沉默寡言，勤勤恳恳地操持家务、抚养后代，但是费尔南达自进家门就认为她是一名终身女仆，虽然她不止一次听说那是丈夫的母亲。

费尔南达发现她的第一个女儿梅梅与香蕉汽车维修厂的马乌里肖·巴比伦热恋，作为母亲的费尔南达却以晚上有人来家里偷鸡为借口请新任市长派人安排守夜。结果，当马乌里肖·巴比伦来与梅梅幽会时被一枪击中脊柱，从此卧床不起，在孤独中死去。而梅梅因惨遭打击丧失了语言能力。当女儿的私生子出世后，费尔南达把自己的外孙藏匿起来，告诉婆婆说孩子是在一个漂来的篮子里捡到的，并且把孩子长期关在旧日作坊里，变成野人一样。直到偶然的机会，被丈夫发现，这个外孙才有了自由。为了消除耻辱，费尔南达把梅梅送回到她出生的殖民地古宅修道院，从此与世隔绝。

费尔南达是个什么样的人？直至经历了种种不幸与痛苦，她丈夫的孪生兄弟何塞·阿尔卡蒂奥第二才说："家道中落就是因为娶进了费尔南达，一个好发号施令的女人，一个恶毒的女人，跟政府派来屠杀工人的军警是一丘之貉。"然而，家族的命运不可扭转。费尔南达的儿子何塞·阿尔卡蒂奥在父母死亡后从国外归来，无意中发现了乌尔苏拉卧室地板下埋藏的金币，与四个少年大肆挥霍，最终被谋财害命。费尔南达费尽心思想禁锢的自己的外孙奥雷里亚诺·巴比伦爱上了她的第二个女儿阿玛兰妲·乌尔苏拉。这段乱伦之恋令布恩迪亚家族出生的第七代长出了猪尾巴，出生后不久就被早已衰败不堪的住宅中无尽的红蚂蚁咬死，而阿玛兰妲·乌尔苏拉也在产后大出血中死去，此时的奥雷里亚诺·巴比伦还在疯狂地研读书写自己家族命运的羊皮卷梵文。曾经，奥雷里亚诺第二挥霍家产，家庭变得极度贫困，他掘地三尺搜寻乌尔苏拉埋藏的陌生人寄存的金币，房子地基因此被毁，早已摇摇欲坠。当飓风来临，摧枯拉朽，古老的宅院瞬间被夷为平地。至此，布恩迪亚家族彻底完结。

一个乌尔苏拉，一个费尔南达，造就家族不同的命运，令人唏嘘，令人感慨。

真的是逃不出"穷不过三代，富不过三代"的怪圈吗？

中国历史上最有名望的家族——钱氏家族，之所以千年持续发展，人才辈出，就是因为有一个非常好的家训。最早是钱家先祖五代十国时期的吴越国国王武肃王钱镠撰写了八训，死后还留有十条遗训。后来，他的孙子忠懿王钱俶对其进行了认真的整理和补充，编订了《钱氏家训》，成为钱氏家族世代相传的无价宝典。《钱氏家训》共635字，以儒家"修身、齐家、治国、平天下"的道德理想为据，内容涵盖个人、家庭、社会和国家四个方面，对子孙立身处世、持家治业的思想行为做了全面的规范和教诲。早先，钱氏家族每有新生儿诞生，全家人都要一起恭读《钱氏家训》。这份家训在钱氏家族留传了三十多代，一千一百多年。千百年来，钱氏后人秉承祖训，造就了吴越钱氏一门世代家风严谨、人才兴盛的传奇。从五代开始，到宋朝，封郡王、国公的有二十余人，封侯拜相、入内阁的，将近五百人。宋朝皇帝称其家族"忠孝盛大唯钱氏一族"，清朝乾隆皇帝御赐其家族"清芬世守"。到了近代，更是人才济济。文坛巨匠、科技巨擘、海内外院士数以百计。现代有钱基博、钱穆、钱锺书、钱学森、钱伟长、钱三强、钱其琛、钱永健（华裔科学家，2008年诺贝尔化学奖获得者）……钱氏后裔人才辈出，究其原因，与钱氏家族重视传统家庭教育及《钱氏家训》的潜移默化密不可分。

由此看来，《钱氏家训》可真算得上是一份传世之宝。

2019年3月17日

纯美的星空

——读泰戈尔的《吉檀迦利》

在十五六岁时，我疯狂地爱上诗歌。那时，经常参加朗诵比赛，诗歌便是首选。喜欢顾城的"黑夜给了我黑色的眼睛，我却用来寻找光明"，北岛的"卑鄙是卑鄙者的通行证，高尚是高尚者的墓志铭"……把这些诗抄写下来后又背诵；也把汪国真的各种励志诗如"我不去想是否能够成功，既然选择了远方便只顾风雨兼程"……一首首抄在笔记本上。后来爱上朦胧诗，特别喜欢《雨巷》那种烟雨江南淡淡的哀愁，舒婷的《致橡树》更是成为挚爱，"我必须是你近旁的一株木棉，作为树的形象和你在一起……"人格独立、精神独立的女性形象深深地刻在我的脑海。后来，《探索诗集》和20世纪90年代初每年出版的《青春诗历》里收录的年轻诗人的新作，我也细细品读。

1994年，遇上泰戈尔的《吉檀迦利》，那么优美，仿佛清晨迷雾的森林，露珠晶莹，花蕊初放，宛若仙境；又仿佛是幽静的夜晚，月色如水，繁星点点。读泰戈尔的诗，仿佛进入了一个纯净优美的世外桃源，空灵宁静，远离尘俗，远离喧嚣，一读，心便安妥，便自在，便与世无争。

泰戈尔是印度诗人，他父亲是印度著名的哲学家和宗教改革家。他八岁习诗，十四岁发表爱国诗篇，十五岁第一部长诗《野花》问世。他一生留下五十部诗集、十二部中长篇小说、百余篇短篇小说、四十余部戏剧以及大量有关语言文学、哲学、政治、经济、历史、宗教、教育和自然科学等方面的著作。他还是一位造诣很高的音乐家、画家，创作了两千余首优美动听的歌曲。1913年，瑞典学院诺贝尔委员会授予他"诺贝尔文学奖"，在颁奖词里称赞他"写出了最优秀的理想主义倾向的诗歌"。

泰戈尔以诗名世。他的代表作《吉檀迦利：献歌》（1912）是一部宗教诗集，采用了印度民族的孟加拉语进行写作。"吉檀迦利"在孟加拉语里的意思是"歌之献"，向神献歌，是以渴求与神相结合为主题的歌。泰戈尔的"泛神论"建立在"泛爱"的基础上，他的神在真善美的世界里，在火中、水中、植物中、人类社会中、婴儿的微笑中、慈母的亲吻里、玫瑰花的盛开处、花前月下的琴曲中，也在最底层的人群中。所以他的诗，愿景深邃，情味隽永，音律低回，余味无穷。

1913年，他自己选译了英文诗集《园丁集》《新月集》《飞鸟集》以及孟加拉文的《故事诗》。在这些诗歌里，泰戈尔赞颂爱情、人生、母爱和儿童以及印度传说中的英雄，丰富细腻，温婉动人，不论是内容还是语言，都充满印度独特的韵味。

一、情味隽永：爱情与人生

《园丁集》里，泰戈尔歌颂爱情和人生：

珠链在他颈上，阳光在他冠上。他停在我的门前，用切望的呼声问我："她在哪里呢？"

因为深深害羞，我不好意思说出："她就是我，年轻的行人，她就是我。"

——《园丁集8》

这首诗一唱三叹，循环往复，沉迷于爱情的女子的羞涩跃然纸上。

当我在夜里独赴幽会的时候，鸟儿不叫，风儿不吹，街道两旁的房屋沉默地站立着。

是我自己的脚镯越走越响使我羞怯。

——《园丁集6》

泰戈尔细腻地描绘出美丽的印度女子沉浸在爱情当中的羞怯、憧憬、惊慌和勇敢。读他的诗，你的眼前一定会出现婀娜多姿的印度女郎，她们一个个身披七彩纱丽，脸戴面纱，环佩叮当，或头顶水罐，或旖旎而行。她们如此优美，是独特的印度文化孕育的珠宝。年轻人的情愫，世界各民族都相同，但是泰戈尔所描绘的更具有神秘的东方色彩和印度独特文化，诺贝尔文学奖颁奖词里特别称赞《园丁集》写出了"青年恋人忽而狂喜，忽而焦虑的爱情体验，人生浮沉中的渴求和欢悦"。

二、慈祥光芒：母爱与儿童

《新月集》里，泰戈尔歌颂母爱和儿童，是我的最爱。

"我是从哪儿来的？你，在哪儿把我捡起来的？"孩子问他的妈妈说。

她把孩子紧紧地搂在胸前，半哭半笑地答道——

"你曾被我当作心愿藏在我的心里，我的宝贝。

……

"你曾活在我所有的希望和爱情里，活在我的生命里，我母亲的生命里。"

……

——《新月集·开始》

我不知怎样形容母亲对孩子的这种怜爱，她把孩子视为自己的一切，笑着他的笑，哭着他的哭。孩子，是上天赐给母亲最好的礼物，是她的命根儿，是她所有的希望与爱。

泰戈尔诗中的儿童更是天真烂漫，纯洁可爱。

假如我变了一朵金色花，为了好玩，长在树的高枝上，笑嘻嘻地在空中摇摆，又在新叶上跳舞，妈妈，你会认识我吗？

……

我要悄悄地开放花瓣儿，看着你工作。

当你沐浴后，湿发披在两肩，穿过金色花的林荫，走到祷告的小庭院时，你会嗅到这花香，却不知道这香气是从我身上来的。

当你吃过午饭，坐在窗前读《罗摩衍那》，那棵树的阴影落在你的头发与膝上，我便要将我小小的影子投在你的书页上，正投在你所读的地方。

但是，你会猜得出这就是你孩子的小小影子么？

……

——《新月集·金色花》

多么调皮可爱的精灵！孩子和新叶一样娇嫩，和雏鸟一样啁啾，周身散发着光芒，吸引着全世界的目光。他那么依恋母亲，可又忍不住和母亲嬉戏，释放出儿童的天性。他变成一朵金色花，在母亲祷告的时候，悄悄地开放花瓣、散发香气；在母亲读《罗摩衍那》的时候，将影子投在母亲所读的书页上；在母亲拿了灯去牛棚时，突然跳到母亲眼前，恢复原形。泰戈尔笔下的儿童天真稚气，机灵活泼，像一个可爱的精灵，像印度圣树上盛开的金色花一样：孩子是神赐予母亲的礼物。赞颂神的爱是泰戈尔文学的主题，所以这部诗歌总集取名"吉檀迦利"，意即献给神的歌。以"颂神"作为诗歌创作的主题，它是印度——东方佛国浓厚的宗教气息哺育的结果。

在想象文学领域，确实很少有人具备如此广泛多样的音调和色彩，能够同样和谐优美地表达各种激情：从灵魂对永恒的渴求，到被游戏的儿童激起的欢乐。

——诺贝尔文学奖颁奖词里称赞《新月集》

三、旷世慈悲：英雄与佛陀

泰戈尔的《故事诗》记述了许多流传于印度的古老传说，内容非常广泛：比丘寻找献给佛陀的最虔诚的礼物；希瓦吉跟随拉姆达斯修行，担负照顾子民的职责；乔答摩不择种姓，接受婆罗门孩子苏陀伽摩研习《吠陀》；乔萨罗国王被伽尸国王驱逐，行走于大地，他庇护弱者，爱怜百姓，为拯救贫者，甘愿以死换取人民的生存，最终感化伽尸国王……这些古老的传说中，印度人民世代崇敬的佛陀、英雄、国王，经过泰戈尔诗一般的语言叙述出来，给我们展现了异域的人文风采，使我们感受到另一种文明古国的文化渊源。

诗歌是来自生命的咏叹，是飞翔的想象，是优美的韵律。英国学者培根曾说："读诗使人灵秀。"《莎士比亚故事诗》《雪莱抒情诗选》《英国诗选》《白朗宁夫人抒情十四行诗集》《普希金诗选》《印度古代诗选》《历届诺贝尔文学奖获得者诗歌金库》，当我有空余的时间，就翻一翻这些书，读一读这些诗歌，内心非常充盈。我爱的诗歌随着教学的语言在课堂流淌，感染着学生，最终使学生在潜移默化中得以滋养。学生也和我一样，爱诗歌，爱写作。我们一起在课堂上品味语言，斟酌词句，一起感受诗歌的美妙。家宁同学特别爱写作，参加省小学生现场写诗比赛获奖，激起了同学们又一波热情的追随。

诗歌是属于全世界的，它乘着歌声的翅膀，飞进爱它的人心中，滋养灵魂，正如中国历代的诗词歌赋闻名于世一样，给全世界人民带来美妙的享受。让我们读诗吧，在诗意中栖居，让生活充满诗意。

2019年2月10日

责任·爱情·战争

——三次读《飘》

　　《飘》是美国作家玛格丽特·米切尔的作品，也是她所写的唯一一部小说。出版后，一抢而空，后被改编为电影，首映时，万人空巷，可见这部作品魅力之大。玛格丽特·米切尔用诗一般的语言将气势磅礴的美国南北战争与一段凄婉动人的爱情展现在读者的眼前。波澜起伏的情节、个性鲜明的人物、复杂多变的心理描写，让《飘》成为20世纪文坛上一颗璀璨的明珠。

　　第一次读的《飘》，是傅东华先生的译作。读时，我十九岁，1990年。译文像诗歌一样流畅优美，既保留了英语简洁生动的特点，又有丝丝的古文之风，具有浓厚的时代感和深厚的文化底蕴，言语又够直白，读起来清晰通透，特别适合中国读者的阅读习惯。例如，书中人名的翻译就展现了傅先生的智慧："郝思嘉"（好思嘉）、"卫希礼"（捍卫南方庄园主舒适优雅的礼仪）、"媚兰"（娇媚芬芳的兰）等。傅先生的翻译非常精妙，或许只因为一个字一句话，人物的性格便跃然纸上，人物内心的挣扎便表现得淋漓尽致。例如，思嘉向卫希礼求爱，遭到拒绝愤怒地砸花瓶。砸到白瑞德时，瑞德说的第一句话，傅先生译为"这又是何苦呢？"这句话暗示了瑞德才是思嘉的"对手"，第一次见面，他就摸透了思嘉的少女心思。谁能与思嘉"相爱相杀"呢？除了瑞德，再也没有第二个。

　　由于历史原因，这一版本出版时有大量的删节，所以读者会对人物之间的情感归属、情节的变化感到有些衔接不上，不容易理解。也因为我自己当时刚出校门当老师，经历简单，读后对作品的理解比较片面。但是郝思嘉在战争中为大家庭成员生存和家园重建的那种坚强不屈，给我留下了深刻的印象。美国南北战争前，思嘉是那样一个妩媚的娇小姐，在残酷的战争中，她一步步蜕变成独立自信、坚韧不拔的女主人、女老板，这种变化真是太令人吃惊了。但是读起来，她的变化又是那么合情合理。

"所有这些人都经历过毁灭性的灾难，但却没被摧毁。他们没有被帝国的倾覆摧毁，没有被造反奴隶的大砍刀摧毁，没有被战争、叛乱、放逐和财产充公摧毁。也许不幸的命运折断了他们的脖子，但从来没有征服他们的心灵。他们没有发牢骚，只是艰苦卓绝地奋斗。死的时候已经筋疲力尽，但并不满足。这些人的血统都在她的血管里流淌着，这些影影绰绰的身影似乎在这月光如洗的房间里静悄悄地走来走去。"思嘉全身流的就是不屈的血！即使塔拉庄园被毁、父亲和母亲病逝、房子被北方士兵占领，即使回家路上枪林弹雨、炮火纷飞，她也一定要回到塔拉自己的家，历尽艰辛也要让家园重现！"土地是世界上唯一值得你去为之工作、为之战斗、为之牺牲的东西，因为它是唯一永恒的东西。"思嘉是如此不惜一切代价地热爱着故乡的红土！

时隔三年，机缘巧合，我看到弟弟借来《飘》的另一个版本——《斯嘉丽》（精装本）（主人公名字被译成"斯嘉丽"），完全没有删节，读起来非常流畅。因为是借来的书，时间紧迫，所以忘记出版社和译者名字了。第一次阅读不理解的地方，也通过这次阅读一扫疑惑。当时我经历了恋爱，走入了婚姻，对家庭责任的认识也进一步加深，所以读起来理解得更加深刻。虽然我不能理解斯嘉丽在爱情上的茫然，但是斯嘉丽对家庭的热爱、对故土的深情，尤其是她为了大家庭成员能好好地活下去，放弃自己的幸福与不爱的人结婚，让我明白了这就是战争——残酷无情。在活下去和幸福之间，别无选择。这次读《飘》，我意识到作为长女的责任。以后的日子里，特别是结婚后，我主动帮助父母照顾家庭；丈夫作为农村出身的大家庭的长子，我也全力支持他主动承担照顾整个大家庭的责任。如果不是早早阅读过《飘》，如果没有斯嘉丽为整个家庭的无私付出作为榜样，也许我会成为一个心胸狭隘、小气的女人。古人说："胸有文墨若怀谷，腹有诗书气自华。"所以，大度大气是优秀书籍熏陶出来的，说得一点儿没错。

又过了十多年，2009年，我在书店又看到了漓江出版社出版的《飘》，是由中南大学黄建人教授翻译的，翻译版本来自电影改编时的原作。这本译作是目前为止，作者玛格丽特·米切尔故居纪念馆里唯一被收藏展览的中译本，可见译文水平之高。我已经把电影《飘》看过几次了，这次与佳作相遇，真是喜不自胜！

在第二次和第三次阅读之间，我看完了《林肯传》《汤姆叔叔的小屋》，了解了黑奴的悲惨生活，知道了美国反种族歧视政策出台的事件诱因，也了解了美国南北战争的具体情况。

美国南北战争，又称美国内战，是美国历史上一场大规模的内战。1860年，主张废除奴隶制的林肯当选总统，南方奴隶主发动叛乱。南方蓄奴州纷纷独立，于1861年2月组成"邦联政府"，另成立以杰斐逊·戴维斯为"总统"的政府，并驱逐驻扎在南方的联邦军（北方政府军）。林肯下令攻打"叛乱"州。北方称"联邦军"，南方称"邦联军"。战争之初本为维护国家统一，后来演变成了为黑奴的自由之身而战的战争。1865年4月9日，邦联军总司令罗伯特·李率2.8万人的部队向联邦军投降。至此，美国南北战争以北方的胜利而告结束，美国恢复统一。战争造成75万士兵死亡、40万士兵伤残，不明数量的平民也遭到波及。

实际上，《飘》通过主人公斯嘉丽、白瑞德的爱情故事，记录了美国这段特殊的战争历史。因为有涉猎的其他书籍作为基础，对文中描写的以阿什礼等人为代表的美国蓄奴制拥护者也有了一些了解。作品中对美国有关党派的秘密活动也有描述。随着知识底蕴的增加，再读《飘》就不会单纯地把这部作品当作爱情小说来读。期间我参加了省级关于心理健康教育的多次培训，有关心理学书籍阅读的增多，也使我从《飘》的主人公身上不断地学会认识自我。作者写斯嘉丽反思自己到底是爱阿什礼还是白瑞德时，说："我做了一套漂亮的衣裳，就爱上了它。阿什礼骑马走过来，我见他这么相貌堂堂、与众不同，就把这套衣裳给他穿上，也不管合不合他的身，而且不肯看清楚他到底是何等样人，我就一味地爱那套漂亮衣裳——而不是他本人。"这是斯嘉丽看到梅丽去世，阿什礼手足无措的样子后，才真正认识了阿什礼。如果她早一点知道阿什礼的性格，从自己的幻想中走出来，就会明白自己其实不会爱上他。"不识庐山真面目，只缘身在此山中。"生活中，有多少事情是人们依据自己的想象进行的推测，而不是事实本身。《大学》中也讲到"致知在格物"，少一些感性的冲动，多一点理智的思考，于人生才是有益的。

我觉得斯嘉丽就像小孩子一样任性，对自己想要的东西异常执着，而对自己所拥有的东西却不屑一顾。一面拼命让自己幸福，一面又不断地把幸福推离。读《飘》，看到斯嘉丽的所作所为，你也许会反思自己的行动是否与思想一致，会告诫自己追求幸福，就是要珍惜当下、珍惜拥有，不念过去，不畏将来。

每个人都是一个复杂的矛盾体，勇敢又胆怯，嫉妒又宽容，斯嘉丽也是这样。《飘》详细描写了斯嘉丽复杂多变的心理，所以很多人觉得她自私、偏执、不择手段、不解风情。古语有言："论迹不论心，论心无好人。"面对每一个选择，谁的内心没有矛盾呢？但是最终人们所重视的是她内心激烈"震荡"后的所作所为。我们所看到的斯嘉丽，是一个美貌与智慧并重的女人，在她的灵魂深处闪耀着人性的光芒。她尊重每个黑人，她看到的不是他们的肤色，而是他们内在的人格。她爱她的家人，愿意为了他们去牺牲一切，因此她努力地保住那个象征家庭荣耀的塔拉庄园。她在巨变中成长，在患难中坚强。她在无能为力时，告诉自己"Tomorrow is another day"，她就拥有了战胜困难的勇气与力量。明天是新的一天，明天一切都会好了。她永远充满希望、充满斗志，永远不放弃、不绝望。读过《飘》的两千八百万（发行量）读者，一定从斯嘉丽的这句"Tomorrow is another day"中获得过战胜困难的勇气吧。

通过三次读《飘》，面对书店里海量的译作，我也逐渐学会从几个不同出版社、不同译者的作品中挑选好的出版物来收藏的方法：打开同一本书的不同译作，对比一下对同一段话的翻译，就能一见高下。例如，黄建人教授翻译的《飘》的第一段：

斯嘉丽长得并不美，但魅力四射，男人见了少有不着迷的。塔尔顿家那对孪生兄弟就是。她脸上两种鲜明融合：娇柔来自母亲，一位海滨的法国贵族后裔；豪爽来自父亲，面色红润的爱尔兰人。这张脸实在迷人，尖下巴，方下颌，淡绿色双眸，不杂一星茶褐。眼梢微翘，乌黑的睫毛浓密挺直，两弯蛾眉斜斜上挑，挂在木兰花般白净的肌肤上——这肌肤正是南方女人珍爱的宝物，每每用帽子啦，面纱啦，手套啦，小心呵护，不肯被佐治亚州灼热的阳光晒黑。

翻译采用了短句，短小精悍、生动明快、活泼有力、节奏性强，叙述事实简明扼要，表现人物简洁生动，和斯嘉丽果敢、直接、倔强的性格非常相配。对整本书的翻译就比来自网络的其他翻译要流畅通达得多。

一部好的作品，值得多次阅读，而每一次的阅读，都将使你得到新的体验与感受。

　　我陆陆续续读完《茶花女》《巴黎圣母院》《战地春秋》《笑面人》《傲慢与偏见》《安娜·卡列尼娜》《三个火枪手》《永别了，武器》《基度山恩仇录》《童年》《在人间》……我发现了两个外国文学译作比较好的出版社：即译文出版社（上海）和外语教学与研究出版社（上海）。这两个出版社出版了很多大作家的翻译作品，非常值得阅读和收藏。当然，其他一些出版社也有很好的翻译作品，购买时要多多比较鉴别。

2018年3月19日

只有爱，无坚不摧

——《呼啸山庄》的启示

1995年，我第一次阅读了《呼啸山庄》。读完全身发凉，仿佛来到冰窖。这部作品曾引起很大争议。如果说很多优秀的作品描写了人性的美好，那么这部作品描绘的是人性之恶。作者笔下桀骜不驯、冷酷无情的人物，那种暴烈、顽强、神秘的激情，为时人所难容。但是这部作品一直被定义为19世纪英国文学的代表作之一，当时我不能理解。2015年，第二次阅读后，我深刻地意识到：被剥夺了爱、无法去爱的人，会变得自私冷酷，毫无人性。得到爱、懂爱、会爱，对于一个人来说多么重要。只有爱，才能融化冰雪，只有爱，无坚不摧。

《呼啸山庄》是英国女作家勃朗特姐妹之一艾米莉·勃朗特的作品，小说描写吉卜赛弃儿希斯克利夫被山庄老主人收养后，与主人女儿凯瑟琳朝夕相处，产生了特殊的感情。主人的儿子辛德雷却认为希斯克利夫是代替他死去的弟弟来继承财产的，于是他对希斯克利夫专横暴虐地加以折磨。凯瑟琳因为虚荣、无知和愚昧，背弃了希斯克利夫，嫁给了画眉田庄的埃德加·林顿。希斯克利夫痛不欲生，愤然出走。凯瑟琳嫁给林顿以后，看清了丈夫伪善的面目，内心十分悔恨。后来，希斯克利夫衣锦还乡，她悲愤交加，在绝望中病倒，并很快死去，只留下一个早产的女婴——凯蒂。希斯克利夫在绝望中把满腔仇恨化为疯狂的报复。他成了呼啸山庄和画眉田庄的主人，把呼啸山庄变成了人间地狱，但是他并没有得到快乐。直到他了解到辛德雷的儿子哈里顿和小凯蒂相爱后，回忆起他和凯瑟琳的美好爱情，才放弃了在下一代身上报复的念头，追随凯瑟琳而自杀身亡。

《呼啸山庄》的故事是以希斯克利夫达到复仇目的而自杀告终的。而他临死前放弃了在下一代身上报复的念头，表明他的天性本来是善良的，只是由于残酷的现实扭曲了他的天性，迫使他变得冷酷无情。

毫无疑问，他心狠手辣，但是他内心深处潜存着无限的柔情和伟大的爱情。显然，由于生活环境的影响，这种潜力被摧毁了。他幼时在利物浦穷街上度过的孤儿岁月让他领略到了生活的残酷，随后他在呼啸山庄度过的岁月也几乎没有改变。正像在山庄上顽强生存的为数极少的那些树永远要受呼啸劲风的摧残一样，嫉妒成性的辛德雷那扭曲的恨意拆散了希斯克利夫与凯瑟琳，使希斯克利夫变得更愤恨。随着凯瑟琳的背弃，爱的一切可能都永远地消失了。希斯克利夫的经历恰恰证明了心理学家和社会学家告诉人们的事实：孩子被剥夺了爱会变得没有能力去感受爱，这种毁灭性的打击将会使他们的灵魂扭曲变形。作品最后描写象征暴虐的山庄的黑醋栗树被刨掉后，呼啸山庄才迎来爱的春天。哈里顿和小凯蒂深情相爱，在黑醋栗树曾经矗立的地方，从画眉田庄移来的花朵茁壮成长。冰雪终将融化，明媚、温暖才是人间的春天。

作者艾米莉·勃朗特为希斯克利夫的不幸哀叹，她多么希望在这恶劣的环境中能有一股爱的清泉去滋养他贫瘠的心田。于是在作品中出现了一个特别的人物——丁奈莉。作品详细描写了被收养的弃儿希斯克利夫遭受辛德雷的毒打之后，女仆人丁奈莉是怎样精心地引导他放下仇恨、愤怒，循循善诱地引导他重建自信和尊严。

第七章节选（引文为师华翻译，在此致谢）：

我（丁奈莉）接上去，"如果一个乡村小伙子在他面前挥挥拳头，他就吓得浑身发抖，而且因为下了一阵雨就整天躲在家里。哦，希斯克利夫，你！到镜子跟前来，我让你瞧瞧你该希望什么。你看见你眉间的两道纹路没有，还有浓密的眉毛，眉毛不是在中央隆起，而是在中间陷下去。还有那对黑黑的魔鬼，埋得那么深，从来不大胆地打开它们的窗户，而在下面闪闪地隐藏着，像魔鬼的奸细似的。你该希望并且学会抚平这些桀骜不驯的纹路，坦率地抬起你的眼皮，把这对魔鬼变成有自信的、纯洁的天使，什么也不猜忌，不怀疑，只要不是仇敌就永远把它们当朋友对待。脸上不要现出一副恶狗的模样，好像知道他挨的踢打都是活该忍受。你既恨踢打他的人，也恨整个世界，仅仅因为他受了罪。"

"换句话说，我一定希望我长着埃德加·林顿大大的蓝眼睛和平坦的额头。"他（希斯克利夫）回答，"我的确有这种愿望——可是愿望并不能成真。"

"心地善良，相貌自然会变好，我的小伙子，"我（丁奈莉）继续说道，"哪怕你是一个真正的黑人。相反，如果心地邪恶，最漂亮的面孔也会变得比丑陋还要糟糕。你瞧，现在我们洗呀，梳呀，都搞完了，脾气也发过了——告诉我，你不觉得自己相当漂亮吗？我告诉你，我是这么认为的。你简直是一个化了妆的王子呢。谁知道呢？也许你的父亲是中国的皇帝，你的母亲是印度女皇，他们任何一个人用一个星期的收入就能把呼啸山庄和画眉田庄都买下来。你被邪恶的水手绑架，带到了英国。假如我处在你的位置，就会想象自己出身十分高贵，而我一想到自己是什么人就会给我勇气和尊严，来忍受一个小小的农场主的压迫。"

作者描绘的丁奈莉真是一个充满爱心和智慧的长者。她的语言魅力非凡。在希斯克利夫遭受毒打之后，如果丁奈莉仅仅是拥抱他、安慰他，那么我们会认为她仅仅是一个普通的善良的妇女。因为很多人都会这样同情弱者。但是作者对被虐待、被摧残的生命充满同情，她非常希望有一种力量让他们变得坚强美好。于是，作者设置了一个情节：丁奈莉帮希斯克利夫洗澡梳妆打扮之后，让他想象自己是一个贵族的后代，用以唤起他的勇气和尊严，在面对不公平的命运时，依然能昂首前行。这才是作者的良苦用心。

《呼啸山庄》通过一个爱情悲剧，向人们展示了一幅畸形社会的生活画面，勾勒了被畸形社会扭曲了的人性及其造成的种种可怕的事件。虽然它开始曾被人看作女作家脱离现实的天真幻想，但结合其所描写地区激烈的阶级斗争和英国的社会现象，它不久便被评论界高度肯定，并受到读者的热烈欢迎。这部小说多次被改编成影视作品，长盛不衰。

诚然，人性是复杂的。世界上什么样的人都有。没有看到或没有感受到，不代表不存在。人性之恶从何而来？原因是什么？怎样避免它的产生？怎样改造它？这些问题是值得所有人尤其是我们教育工作者深入思考的。

卡耐基在《人性的弱点》里写道："一个人的成功，只有15%归结于他的专业知识，还有85%归于他表达思想、领导他人及唤起他人热情的能力。"教育工作者不正需要这些吗？面对学生，他（她）需要侃侃而谈，通顺流畅地表达自己的思想，唤起学生的热情去认识自己、认识世界，领导学生为自己的理想和人类的幸福去学习、去奋斗。像艾米莉·勃朗特这样去观察人性，我们才能唤起人性中的美好，思考人性变善的办法，使人间变成爱的天堂。

2018年4月17日

无用 有用

——读《世纪大讲堂》丛书

　　住在广东，有一项无形的福利：交了本地的电视费后，可以看到香港电视台的节目，而不需要另外缴费。香港有三大电视台：本港台、翡翠台、凤凰卫视中文台。三个台各有侧重，各有所长。我很喜欢凤凰卫视中文台，它开办的《凤凰大视野》《冷暖人生》《大唐西市丝路文明》《筑梦天下》等节目，无一例外都拥有深厚广博的文化底蕴，开阔的视野，独特的见解，而且尊重历史、还原历史真相。因此，一有时间，我会看这些节目。但是，一期节目看下来，有些重要但是还没有完全弄明白的内容，要想重新再看一遍，就比较难了。所以，每每看完节目，往往有一种意犹未尽、欲罢不能之感。

　　2001年，凤凰卫视中文台在国内首开先河，把全国包括港澳台地区及世界各地高校的华人名校名师请上电视，做学术宣传，节目名叫《世纪大讲堂》。策划这个节目的台长刘长乐先生，是一位资深文化人。他本来以为这样的学术讲座是阳春白雪，可能曲高和寡。由于经常有国际一流大师出现在节目中，《世纪大讲堂》一经播出，颇受人们欢迎，我也是追着看。2006年，应广大观众的强烈要求，凤凰卫视出版了节目纪实书籍《世纪大讲堂》丛书。为了能深入、准确地理解名师思想，我毫不犹豫地买了一套。

　　单说丛书第十一辑就收录了世界顶尖科学家、诺贝尔物理学奖获得者杨振宁先生的《美与物理》；北京师范大学心理系博士生导师、心理测量与评价研究所所长许燕教授的《现代人的职业枯竭与心理健康》；北京大学哲学系汤一介教授的《文明的冲突与文明的共存》；复旦大学外文学院院长陆谷孙教授的《英语挤压下的中文危机》……当年正值世纪之交，离现在近二十年，但这些一流名师的超前意识和学术思想，直到今天依然有很好的借鉴意义。

我所任教的广东湛江市，是一个地级市，主要以农业的种植养殖为主。学校的大部分学生会留在本地工作生活，他们立志未来扎根湛江、建设湛江，把自己的家乡建设得更美好。因此，引导他们从小了解湛江，关注湛江农村、农业也是非常重要的。所以，对于《世纪大讲堂》中农业专家的文章，我也会仔细阅读。例如，专辑中华东理工大学社会学院曹锦清教授的《从和谐社会看"三农问题"》谈到的国家和农户的关系，取消农业税，补贴农户，在农村把农户组织起来，能有效地杜绝伪劣产品，对抗农村工业化过程中的恶性污染。还有北京大学社会学系王思斌教授的讲座《中国农村发展的困局》。把这些农村难题简要地说给学生听，也是希望这些问题未来由他们去解决。

还有美籍华人、加拿大大不列颠哥伦比亚大学终身教授、美国哈佛大学教授叶嘉莹先生（女）的讲座《西方文论与传统词学》及北京大学中文系曹文轩教授的讲座《文学为人类提供良好的人性基础》，这些都对教学教育有很大的引导作用。

开卷有益，此言不假。

有人会说，你不过是一个小学教师，读这些一流名师的讲座，了解的这些知识，平时用不上呀！有什么用呢？

我不禁想起了第13届上海民进教育论坛上，上海市教委倪闽景副主任讲的关于复旦大学钱文忠教授的成长故事。钱文忠在高二时还是一个普通的学生。一次历史课讲世界史内容，谈到印度，郝老师说梵文在这个国家地位特别尊贵，但是特别难懂，全中国只有一个人懂，就是北京大学的季羡林教授。下课后，钱文忠就去找郝老师："您说梵文就一个人懂？是真的吗？如果我去学梵文，将来就我一个人懂了。"说得郝老师哭笑不得。后来，钱文忠写了一封信给季羡林教授，说："季老，我要报考北京大学，跟您学梵文。"季老回信说："欢迎报考北京大学，但是北京大学很难考。"第二年，钱文忠这个非常普通的学生竟然考了上海市高考文科第二名，如愿考入北京大学。季羡林教授专门到火车站接钱文忠。后来，为方便学习语言，他俩住一个房间，一住便是四年。

钱文忠教授能有今天，就是郝老师上课讲了一句与考试无关的"废话"。

郝老师为什么能一句话"点石成金"？如果他不了解北京大学小语种教学

全国一流，不了解季羡林教授的研究方向，不了解中国梵文专业人才奇缺，他不可能在课堂上讲出这句话来。由此可见，教师的教学宽度有多重要！因为你不知道哪一句话能改变孩子的未来。

妙语就在三五句，没有学识也枉然。

"知乎"上曾有人提出这样一个问题：大部分读过的书，最后都会忘掉，那么读书的意义何在？获赞最多的回答是："小时候我吃过很多东西，其中大部分我已记不清了，但我知道：它们已经成了我现在的骨和肉。"经典电影《卡萨布兰卡》里有一句台词广为人知："如今你的气质里，藏着你走过的路、读过的书和你爱过的人。"一个教师，只有自己有见识，才能引导学生增长见识；只有自己优雅，才能引导学生变得优雅。

如今，微信及各种APP畅行，信息的阅读和收集变得更为快捷和方便，但是"快餐文化"的营养含量是不高的，一个人的时间也是有限的。只有集中精力去阅读经典，了解当代大师的思想，使自己的思想变得深刻、眼界变得宽阔，才能心藏锦绣、腹隐珠玑，于自己，于学生，善莫大焉。

2019年4月4日

"亲爱的，这里没有别人，只有你自己"

——读《遇见未知的自己》

一、困惑与迷茫

日复一日的生活工作中，为了做"好员工、好朋友、好子女、好媳妇（好女婿）、好父母、好邻居"，我们背负了众多的压力，不免产生各种困惑、迷茫和焦虑。物质极大地丰富了，生活极大地便利了，幸福快乐的感觉似乎并没有成正比地增加。不断为生存、财富、理想而奔波、忙碌，却无法在生活中找到归属感，很容易迷失自己。我们期待着进行一次心灵的旅途，寻求一条回家的路，不再被外物所迷惑；期盼着有一个人给自己引路，有一个途径使自己明了，有一个实用的方法能解决问题。我很感恩读到了《遇见未知的自己：都市身心灵修行课》一书（下文简称《遇见未知的自己》）。

《遇见未知的自己》自2008年出版后便引起读者极为广泛的关注，位居我国台湾地区三大畅销排行榜前三名，并于2012年获得当当网畅销书籍第一名，海峡两岸销量突破百万册。很多人因为这本书改变了对生活的看法。这本书通过一个女主人公的故事，讲述了"我是谁""我不是谁""我们到底要什么"等充满苏格拉底式的哲学思考，阐述如何解除现有的人生模式，解脱身体、情绪、思想的桎梏，实践书中的种种建议，从而获得身心的疗愈。虽然这是一本关于哲学基本问题和心理学的入门书籍，但是因为综合运用了近二十年心理学研究的成果，提供了可操作的一些尝试，广受关注。书中最有价值的是关于潜意识、情绪、思想以及身体与心灵的联结、亲密关系的联结。由于采用了小说的形式，读起来流畅，理解起来也容易多了。这是一本引导读者认真审视和观察自己的书，让人发现未知的自我的书，是一本值得反复阅读的书。

二、自省与实践

"亲爱的，这里没有别人，只有你自己"是《遇见未知的自己》中最给人启发的一句名言。我们应放下金钱、名利、权势、地位，放下自己的虚荣心，放下别人对自己的看法，检视自己的内心，想想"我到底要什么"，然后去追求"真我"。"真我"就是爱、喜悦、和平。不要试图去追求快乐。"快乐"取决于外在的东西，一旦那个令你快乐的情境或事物不存在了，你的快乐也随之消失了。所以，自观自省，对自我进行重新认知，最终能从现实的困境中走出来，寻到最初的自我，实现自我心灵的拯救，获得内心的归宿。佛教里有一句话"境由心转"，也就是说，有一个平和的心态，遇到多难的事都不会受到影响；凡人是"心由境转"，心情随着环境和情境的变化而变化，喜怒哀乐由外界操控，由不得自己。能修身养性到佛家这种程度当然好，不让外界影响自己的情绪，会更多地把注意力集中在分析问题上面，对解决问题有好处。

书中也谈到"吸引力法则"。俗话说："酒逢知己千杯少，话不投机半句多。"我们经常会遇到这样的情况，与人见面，一见如故，聊得来，三观相同，互相赞赏，成为好朋友。你不知道这是自己的"吸引力"吸引来的。因为每个人的思想、情感都有能量，都有自己的振动频率。和你振动频率相近的人，最容易被吸引过来成为朋友。所以一个人如果充满了积极、快乐的思想，那么被他吸引过来的就是积极、快乐的人和事。同样地，一个人如果总是带有悲观、愤世嫉俗的思想频率，吸引过来的就是悲惨的、令人生气的人和事。这不是迷信，科学的解释是：我们的大脑每秒钟要处理四千亿位（bit）的信息，但是我们只能意识到其中的两千位信息。所以我们会选择性地去看东西。每个人每天环顾四周，看见的是他想看见的东西，其他的东西大脑就会自动排除掉，结果就是"物以类聚，人以群分"，所以说，我们创造了"自己的世界"，自己创造了自己的生活方式、生活环境以及生活状态。觉察到自己的"吸引力法则"影响了自己和别人的交往、影响了工作，我们可以有意识地"命令"自己不以"己好"看待问题，学会一分为二地看待事物，力求全面与客观地从多方面分析问题，对我们做好事情有利。

　　同样面对半杯水，乐观者和悲观者的反应是不同的。这就牵涉个人的情绪模式问题。怎样知道自己的情绪模式呢？记得有一本书里说，你每天早晨起来的情绪就是你潜意识的情绪模式。大家可以进行自测。如果察觉自己的情绪模式是悲观的，一大早还没有受到任何外在的人、事、物的影响，就有悲观、愤怒、生气的情绪，而不是平和、喜悦，就需要运用科学的心理学知识改变自己的情绪模式，使自己的内心变得平和。《遇见未知的自己》告诉我们，如果你不断重复做某件事，从生理学角度来说，我们的某些神经细胞之间就会建立起长期且固定的联系，比方说，如果你每天都生气，感到挫折，每天都很悲惨痛苦……那么，你就是每天都在重复地为那张神经网络接线和整合，这就变成了你的一个情绪模式。当产生某种情绪感受时，我们的下丘脑会马上生产一种化学物质，叫作"胜肽"（peptide，中文翻译为"肽"或"胜肽"，是属于降解的小分子胶原蛋白，含氨基酸基团，属于原料类产品。胜肽也是人体中原本就存在的成分，是一种氨基酸形成的链状结构。我们所熟悉的蛋白质就是一种多胜肽链）。"胜肽"随着血液跑到我们身体的每一个细胞，被细胞周边的上千个感受器所接受。久而久之，感受器对某种"胜肽"就有了特定的胃口，会产生饥饿感。所以如果你很久不生气的话，你的细胞会让你有对"胜肽"的需求想去发脾气……书中告诉我们，解除"胜肽"的"毒瘾"、进行情绪的疗愈，可以去修行、打坐、念经或祷告、唱歌，也可以练瑜伽、上心理课程等，这些方法都能很快见效，但还有个不花钱也可以达到较好效果的办法：

　　写下一段话，每天念，每天写——

　　"我看见我在寻求被虐待（或不被爱、被抛弃等）的痛苦感受，我全心地接纳这种感受，并且放下对它的需要。"

　　书中还介绍了情绪疗愈的一种方法——臣服。当你感觉到撕裂般的痛楚，好像要爆炸似的愤怒，不要逃避、不要抱怨，全然去经历它，让这个压抑、隐藏的能量爆发出来。这样的"受苦"，是你走出人生模式、茁壮成长的契机。比如愤怒时，可以把垫子当成你恨的人，把怒气发泄出来。然后学会臣服。不是对人臣服，是对已经发生的事情臣服。"事实最大，已经发生的事是不可改变的。"人会受苦的最大原因就是抗拒事实，所以"必须接受事实"。臣服的第一步，就是先看到自己的抗拒，而且看到自己的抗拒是徒劳无功、无济于事的。臣服最大的好处是：当你接纳了当下，不徒然浪费力气去抗争时，事情往往会有意想不到的转机出现，你才发现原来的挣扎真是白费力气。而且，正因为你把精力充分关注在眼前的事物上，有时候你会发现更好的解决之道，从而帮助你脱离眼前的困境。所以，当你生气、愤怒的时候，你要安抚自己的身体，接纳当下的情绪，臣服。"因为情绪是一种能量，它会来，也会去。"

在生活中，有些人在原生家庭中感受不到爱，得不到赏识，不自信，极度缺乏安全感，总是贬低自己以讨好他人，没有主见。当长大成人后，就容易形成"讨好型"人格。具有"讨好型"人格的人，在和人相处时，非常在乎别人的举动，过度在意别人的评价，为了满足别人的期待，不敢表达自己的真实需求，忽视自己内心的真实想法。如果有这些类似的情况发生，是非常需要我们检视自己的思想，阅读相关的心理学书籍，运用相关知识和技巧训练自我，唤醒内心强大的自我。

当我们检视自己的思想，体察自己的情绪模式，意识到心理上受到伤害时，要主动地寻求心理方面的帮助。这种帮助可以是来自从事心理学方面的专业人员，也可以来自相关的心理学书籍。不论你是什么文化程度，也不论你是什么生活条件，遇到自己难以解决的心理问题，向外界寻求帮助，是一种正确的思维方式。

书中也介绍了与人相处，特别是和亲密关系的人相处的方法。对待外人，我们可能谦和有礼，耐心十足，而面对自己最亲近的人，往往失去耐心，厉言疾色。其实，对最亲近的人更要注意沟通的方式和方法。如果是为了自己，还自以为有权利管对方，认为自己可以介入他人的领域、促使别人改变，这种做法不但白费力气，而且还会造成两人关系的紧张。你可以把你知道的，你认为对的、正确的东西和他们分享，但是不要设定一个预期的结果（比如说一些"你一定要听我的，要不然……"之类的话），这样的话，对方比较能够接受。伴侣之间、亲子之间都是这样。

书中还介绍了运用瑜伽和深呼吸（腹式呼吸）、采用健康饮食、多健走等方法来做好和自己身体的联结。世界卫生组织（WHO）认为影响人类的健康长寿的因素中，健康的生活方式占60%。

"亲爱的，这里没有别人，只有你自己。"这句话告诉我们要经常以第三者——旁观者的身份，观察自我的思想、情绪、思维模式，审视自我，认识自我，然后引导自我，获得身心的疗愈，找到通往爱和幸福的桥梁。

了解未知的自己，照顾好自己的身体，平和自己的情绪，享受生活的美好。你是世界上独一无二的存在，请好好地爱自己。

2019年7月21日

保持良好的心态和主动工作的动力

——读《班主任工作漫谈》

"每月给你200元工资不变，面前放着两副工作担子，一副100斤，一副200斤，挑哪副占便宜？"有的青年教师说："当然挑100斤占便宜。""错了！"魏书生老师说："人的能力强是工作多逼出来的，铁肩膀是担子重压出来的。"

从1995年我听说魏书生老师的事迹起，他的《班主任工作漫谈》这本书我读了起码有十遍。这二十多年中，我每读一遍就有不同的感受，每读一遍就逐渐调整好自己的心态，就产生无穷的动力。读了这本书，我强烈地感受到魏书生老师伟大的心胸、良好的心态、对教育事业孜孜以求的精神。在工作当中，每当我遇到阻力、心里有疲倦感、想打退堂鼓时，翻开这本书看几行，就获得了继续努力的动力；当别人遇到教育教学的难题时，我总是积极帮助，寻找解决问题的最优方案。这种抢挑重担、练就铁肩膀的想法都是来自魏书生老师的思想启迪。很多刚走上工作岗位的年轻人都是热情高涨的，但是遇到难题、受到挫折后，逐渐失去了热情，丧失了工作的动力；结婚成家之后的教师由于生活的压力，逐渐变得没有工夫研究教学，便一年又一年重复自己没有起色的工作。如何调节自己的心态，解开心结，转变观念？魏书生老师的事迹、精神和观念是解决问题的良方。

抢挑重担，抢着当班主任，抢着干别人干不了的工作，便抢到了一个增长能力、锻炼自己、显示自己才干的舞台。在这个舞台上，就能成长为工作中的骨干，自然会得到重用。一个抢挑重担又淡泊名利的人必能在所在的工作岗位上走得快、走得远，有所成就。

　　"多改变自己，少埋怨环境""选择积极的角色进入生活""多互助，少互斗""多学习，少批判""多抢挑重担，少推卸责任""提高笑对生活的能力"……这些注重调适心态的"心灵鸡汤"令人心情振奋，哪一个真正按照这样去做的人不会在工作中感受到快乐与进步？又怎么不会在纷繁复杂的社会中逐渐明了自己的人生价值？如果人人抱着立己达人的目的，正能量的磁场力一定非常强大。

　　我在参加全国教育科学重点课题的部分研究的时候，为了使所有教师都拥有一个良好的心态，产生主动前进的持续动力，我这个课题组长把《班主任工作漫谈》作为必读教学名著推荐给全校教师阅读，并要求写出读后感受，与大家分享。很多教师读后感触很深。

　　这既是一本能打开心锁的书，也是一本催人奋进的书。只有更新了自己的观念，才能产生相应的行动力。"读一本好书就是与高尚的人谈话。"精读好书，就能多次聆听导师的教诲，洗涤自己的灵魂，使自己保持一颗纯净的心灵。

　　真心期盼与更多的教师共读此书，共享读书之乐。

2008年9月14日

名师引路，学习有方

1989年，我毕业后分配到湖南省望城县城关镇的一所小学，遇到了一位非常好的校长——肖兰香校长，她不但贤惠美丽，而且胸怀特别宽广，乐于帮助周围所有的人，对于我们这样懵懂的年轻人更是关怀备至、重点培养。她把自己订阅多年的《小学语文教学》杂志一股脑全部借给我看。因为这本杂志紧跟教学进度，于是我就将上半年和下半年出版的分开，业余时间拿来细细研读、备课，上课就用。一开始只是模仿，慢慢就琢磨出那些优秀教师教法背后的思考。后来，我自己订阅了《小学语文教学》，这本杂志是中文核心期刊，以一贯秉承严谨著称，有"人物""论坛""教学""备课"，还坚持"问询作答"，很权威。杂志刊登全国各地的教师的思考和做法，精彩纷呈。一本好杂志就是一个好老师、一个引路人。

1995年，邻居小弟送给我一本上海教育出版社出版的《名师授课录：初中语文》，书里都是当时全国初中语文名师的教学实录，水平非常高。我也不管自己是教小学的了，那些初中课文自己都学过，还有鲜明的记忆。读着教学实录，真是佩服那些名师出口成章、文采飞扬，他们处理教材的独到、教学设计的巧妙、课堂生成的精彩，令人拍案叫绝。到1998年我在书店发现了《名师授课录：小学语文》，惊喜异常。书中有斯霞、霍懋征、李吉林、于永正、靳家彦、贾志敏、支玉恒等小学语文界的大师上公开课的详细的教学实录，对于期待成长的我来说，真是一场"及时雨"。就在这一年，我借到了北京市小学语文特级教师的教学录像，好难得。放学回到家，我就观摩录像，看到精彩的地方，反复回放，一句一句地记录下来。也许是现场录像的原因，这样的学习比看文字版的教学实录印象更深刻。

后来，我只要在书店看到特级教师的书就都买下来细读，边读边写感想。

由原国家教育委员会副主任、教育部原总督学柳斌主编的《中国著名特级教师教学思想录（小学卷）》包括语文、数学、自然、思想品德、美术、音乐、体育，我也有了一套。即使我只是语文教师，通读这一套丛书，对于小学整个教学也有一个整体的了解。虽然小学卷有不同的科目，教学内容不同，但是教学的思想是相同的，其他科目的特级教师的教学艺术也给小学语文教学带来启发。由江苏人民出版社出版的《中国著名特级教师课堂魅力经典解读》，把名师的教学风格剖析得更加清楚。

2004年，我第一次读《李吉林情景教学理论与实践》，诗一样的语言，儿童一样的纯真。李吉林老师借鉴了"意境说"的"真""情""思""美"的精华和儒家文化"敏于行"的思想，以及杜威的"以儿童活动为中心"的现代教育理念，通过二十多年的实践与研究，形成了一套比较系统的情境教学法体系，创建的"情境教学法"，得到大家广泛认同。

通读李老师的教育理论与方法，使我感受到真正以人为本的教育，应该以学生的终身发展为目标，逐步培养学生的综合能力，让学生体验生活之美，感受幸福的爱的教育。这正是教育的真谛。

这本书令我印象深刻的有两个细节：李吉林老师在对学生进行作文指导时，考虑得特别周到。她指导学生写《秋天的田野》，准备带学生到田野里进行实地观察。事前，她会把田野里的作物观察一番，看哪些农作物适合就近观察，哪些农作物适合远观，然后才把学生带到考察好的观察点细细指导。她写道："让儿童站在哪儿呢？最好是站在距瓜豆最近的桥头或田埂，因为瓜豆既开着花又结着果实，花儿色彩各异，果实形状不同，需要近看；而稻子、棉花虽是主要作物，但无须近看，相反地，远望则更能显示稻谷的黄澄澄、棉田的白花花。这样以瓜豆为近景，以高粱为中景，以稻子、棉花为远景，有层次、有重点，儿童才能获取理想的材料。"

这仅仅是指导写作吗？在教育教学中，教师不但要对将要进行的工作在脑子里逐一考虑清楚，还要深入实地考察，根据学生的特点进行指导。在教学上只有准备充分，条理清晰，指挥得当，才能让学生有所收获。

她指导学生写《参观图书馆》，观察的程序安排也很有讲究。如果从一楼借书处到二楼、三楼的阅览室，按参观顺序写，学生的作文很可能结构呆板、平铺直叙。她说："倘若能先观察一下图书馆的大门，橱窗的新书介绍，并在大门口停留片刻，注意一下来这借书、还书的读者，他们中有年轻的姑娘、小伙子，也有鬓发花白的老人；有书生气十足的知识分子，也有沾满机油的工作服还没顾得脱下的工人，这样他们会具体感受到生活中勤奋读书的人之多。接着可以集中参观一下书库，那几十万册乃至几百万册的藏书，会使儿童为之惊讶，他们会强烈地感受到知识就是海洋。在观察书库时，还可以有意识地把《马克思恩格斯全集》《鲁迅全集》介绍给儿童看，使他们领悟到一个人对人类做出贡献，要付出多少艰辛的劳动啊！在观察书库时，不妨让儿童看一看古籍藏书处，看看那一本本线装书，感受一下我们的祖先留下了多少宝贵的文化遗产。走出书库，再让儿童轻轻地走进阅览室，提示他们观察一两个读者全神贯注的神情。这样，儿童获取的材料绝不会是凌乱的，而是有条理的；不是抽象的，而是具体的。"

从李吉林老师的这段文字中，我不但看到了李老师指导学生参观写作的过程，而且领悟到我们平时教育教学需要引领学生获得思想启迪：不仅去感受图书馆丰富的藏书，还要感受人们对知识的热爱与追求；不仅去感受伟人对人类长远的贡献，还要在潜移默化中让儿童树立为全人类服务的理想；不仅要引导学生感受世界文化的精髓，还要去引导学生热爱祖国和祖国的文化。

李吉林老师在书中介绍的情境教学法的各种类型及具体运用，更是让人叹服。直到如今，情境教学法依然有着无限的生机。各种媒体设备能更方便快捷地进入课堂，创设出真实生动的情境，使学生身临其境，快速进入课文所描述的情境，更好地感受语言文字的魅力。

由此，我爱上了读这些特级教师的书籍。名师在自己的书里阐述教育教学的思想理念和实践，读了之后更利于理解他们的教学风格。读《窦桂梅与主题教学》理解了教学应有温度、广度、深度，再去听她激情四溢的课堂教学，充分感受到课的厚重。

《诗意语文——王崧舟语文教育七讲》收录了王崧舟老师七次语文教学观摩活动、培训活动的讲座和报告，沉下心读下去，才发现自己读书的底蕴不足。有些特级教师的课能直接套用，有些能借鉴，有些模仿都很难，是因为文化底蕴的不同。王崧舟老师的学问已经做到了西为中用、古为今用。即使我读完了他的书，看完了他所有的公开课（录像），细细地研读了这些课的课堂实录，甚至他在微信公众号里的每周一篇文章我都认真读了，但对他在书里、课里展现出来的儒家、道家的思想，依然感到高深莫测。王崧舟老师说："底蕴是靠书堆起来的。书读得多，不一定底蕴就深厚；但是，不读书、少读书，是一定没有底蕴的。"看来，我只有找到儒、道、释的代表作及其研究文章，才可能理解得深入一些。

后来，有了各种机会现场观摩小语界大师于永正、贾志敏、支玉恒、窦桂梅、王崧舟老师的授课，更是幸运。

从我自身的体验，感觉一个教师要在课堂教学上成长，一是要读书，二是要去现场听名师的课感悟，三是要深入研究课的细节。所以，担任校长期间，我基本上每学期给全校教师买一本书读，只要有机会，所有的教师都一一派出去听课。如果只选派固定的几个教师，其他教师的成长就会受阻。一个学校那么多班级，不可能只由几个教师教，受益的应该是所有的学生。那怎么使在校的其他教师每次都和外出学习的教师一样开阔了眼界呢？学校作出一项规定：凡是外出学习的教师，能够购买当时的课堂教学和报告录像的，一定都要买回来，供所有教师反复学习。这些录像在科组研修会议上，被教师一边播放，一边讨论。对于隐藏在教学设计后面的教学理念和深层思考，经过教师反复的揣摩、交流，可以加强学习的深入程度。所有的教学思想、课程标准、核心素养，最后都是要贯彻在课堂教学主阵地当中的。这些名师的一节公开课，每一个环节都经过长时间深入的思考，体现着深邃的思想，甚至每一句引导语、评价语都不是随便冲口而出的。反复地学习，就是要读懂大师们的思想。如果仅仅是模仿一节课，"知其然不知其所以然"，今后遇到其他的教学内容，就黔驴技穷了。只有细细揣摩，深入研究教学设计后面隐藏的教学理念，咀嚼吸收，化为自己对教学的思考，然后逐步运用到教学实践中去设计实施，才能在日常教学中得心应手。

名师引路，学习也要讲究方法。

2019年6月23日

"智慧比财富和地位更重要，学者比富翁
和国王更伟大"

——读《犹太人的家庭教育》

　　我在2006年看过由美国罗伯特·多恩海姆执导的电影《十诫》，第一次了解了犹太民族的一段历史。这部电影根据圣经故事改编，讲述了在埃及过着奴隶生活的犹太人，在先知摩西的带领下出走埃及，穿越红海，经历各种苦难考验最终到达迦南（巴勒斯坦的古地名），重新建立新生活的故事。神借着摩西写下《十诫》给他的子民遵守，并建造会幕，教导他的子民敬拜他。

　　后来，我很关注关于犹太民族的书籍和报道。我在湛江书城买到了《犹太人的家庭教育》一书。这本书的作者是美国克利夫兰大学犹太学院家庭与成人教育学教授杰弗里·布拉尼博士。书中非常详细地介绍了犹太民族的历史及成就以及犹太民族近三千年的家庭教育。

一、坚定的教育信念

　　犹太民族在五千多年漫长的历史中，有两千多年流离失所，屡遭屠戮，这在世界民族史上是空前绝后的。苦难的历史使他们意识到家庭教育无比重要。几乎每个犹太家庭从小就培养孩子的理性思维方式。孩子很小，父母就会问："假如有一天你的房子被烧毁，你将带什么东西逃跑呢？"要是孩子回答金钱或钻石，母亲会就进一步问："有一种没有形状、没有颜色、没有气味的宝贝，你知道是什么吗？"要是孩子回答不出来，母亲就会说："孩子，你要带走的不是金钱，也不是钻石，而是智慧。因为智慧是任何人都抢不走的。你只

要活着，智慧就永远跟着你。"财富和地位可能会失去，但智慧却可以永远拥有，母亲就这样从小在孩子心里种下智慧的种子。

犹太民族坚信"智慧比财富和地位更重要，学者比富翁和国王更伟大"。所以，他们爱读书，爱买书，爱看书。在他们的国家，街头巷尾，车站广场，专心致志读书的人随处可见。在每个家庭，书房必不可少。在每周休息日，所有的商店、饭店、娱乐场所都要停止营业，交通也中断，每个人必须在家中"安息"和祈祷，禁止走亲访友，但有一点是允许的，那就是读书和买书。海滩和景点空空荡荡，大街上人迹罕见，但是每个书店都挤满了人，没有大声喧哗，每个人都在静悄悄地看书、购书。

那些漂泊在他乡的犹太人，为了让孩子得到最好的教育，往往不惜倾家荡产。

犹太人的传统婚姻也体现了他们尊重知识。富人愿为子女寻找有才华或品行好的家庭的子女，而不管他是贫穷还是富裕；贫穷的父母宁肯变卖家产也要为子女找一个有知识的家庭。

犹太民族苦难的历史使他们的教育抛弃了很多浮华的东西，一切都以民族的生存为根本前提。他们总是带着对知识和智慧的崇拜到世界各地工作、生活，因为他们非常清楚：不动产是带不走、守不住的。一个人只有拥有知识才能得到智慧，一个拥有智慧的人也会得到财富与尊荣。

二、详细的操作指导

犹太人的家庭教育造就了一大批成功者：马克思、弗洛伊德等思想家，爱因斯坦、奥本海默等科学家，托洛茨基、基辛格、奥尔布赖特等政治家，毕加索、斯皮尔伯格等艺术家，洛克菲勒、摩根、斯隆、普利策等商业奇才……他们都是犹太人，都受益于犹太民族优秀的家庭教育。

《犹太人的家庭教育》一书不但介绍了犹太民族的教育思想和理念，还非常详细地介绍了家庭教育的实施办法，具有很好的可操作性。读了这本书，完全可以在生活中照做。例如，孩子的观察、语言、音乐、运动、饮食、劳动、游戏、礼仪、性格的训练培养，让孩子健康成长的阅读、交谈及心理疏导，不同类型孩子的教育……非常细致。还用专门的章节阐述"合理的惩罚有助孩子的成长"：父母要让孩子明白惩罚的目的、合理地使用惩罚、使用肯定性反馈强化孩子的良好行为举止、最有效的惩罚——暂停法的具体使用办法。操作办法的每一个步骤、每一种肯定性表述都一一列举出来，对想要实施优秀家庭教育的读者提供了切实可行的指导。

对于不同个性的孩子适合从事的工作也有非常详细的指导。假如有这样一个孩子：喜欢独来独往，阴沉，不善于理解他人的心理，是一个不折不扣的现实主义者。家长如果觉得这样的孩子比不上别的孩子活泼可爱，那就大错特错。作者告诉你：这是一个未来的董事长人选！你会不会惊喜？当然，他也提醒你：一定要致力于培养孩子人际关系的畅通，才能获得成功。如果孩子缺乏理性，不具有现实性，经常追逐抓不住的梦，不易接受别人的意见，在经营中不易成功，你也不要着急，这样的孩子最适合从事文学、音乐、绘画等艺术性工作……总之，各种不同的个性适合从事什么方面的工作，叙述得很清楚。以前，我们也听说过部分国家开设了对少年儿童未来适合从事的职业的咨询课程，由此可见一斑。

书中也对家长在家庭教育当中的烦恼做了具体的解除指导。例如，如果你的孩子平时上课不怎么专心，注意力集中的时间比较少，作者建议你采用"让孩子当家长的老师"这种办法。

对与众不同、在一般情况下备受排挤、打击的超智儿童的识别、判断以及"激活孩子的脑子"的体操，作者也详细地介绍了方法。

如果大部分家长能够学到这些办法，不拿自己的孩子和别的孩子进行攀比，而是认真观察，了解他们独特的个性，知道他们适合从事的工作，致力于适合孩子个性的培养，孩子们将多么幸福！

三、独特的财富教育

据统计，今天在美国的亿万富翁中有20%是犹太人，获诺贝尔经济学奖的经济学家中有20%是犹太人，获诺贝尔科学奖的科学家中有20%是犹太人。有人说："犹太人在家中打一个喷嚏，世界上所有的银行都将连锁感冒，五个犹太人凑在一起，便能控制所有银行的黄金市场。"这虽然是一句玩笑话，但是实际上，犹太人的理财能力确实令人吃惊。这得益于犹太民族家庭教育中独有的财富教育。在一个经济繁荣的社会中，一个犹太家庭并不缺钱，但是，他们会要求孩子从小就通过劳动赚钱，打工、送报、派发广告单等，以此挣到自己的零花钱。这是培养孩子养成自力更生、辛勤劳动的习惯。除此以外，还主要通过学校、家庭、社会三个途径进行理财教育：三岁要能够辨别硬币和美元纸币；四岁要知道每枚硬币是多少美分；五岁要知道基本硬币的等价物，了解钱是怎么来的；七岁要知道给数目不大的钱找零，会统计大量的硬币数目；八岁要通过做额外工赚钱，并且把钱存入银行账户；十二岁要学会制订家庭两周的开支计划，正确使用银行业务中的专业术语……教育孩子懂得钱的价值，但是不要孩子对金钱顶礼膜拜；既让孩子学会赚钱，也让孩子学会花钱；培养赚钱过程中的契约精神；了解通货膨胀；学会做家庭预算……这些细致的理财教育在三者结合下得到很好的实施。因此，犹太民族的财富观念和理财能力得以传承下来。

2011年，当时年届九十六岁的我国中医国学大师邓铁涛在接受《南方日报》采访中谈道："以色列犹太人和吉卜赛两个民族的传统教育的区别，造就了两个民族截然不同的命运：诺贝尔获奖者中经济学奖有三分之二是犹太人，而吉卜赛依然在流浪。"

"智慧比财富和地位更重要，学者比富翁和国王更伟大。"犹太家庭的传统教育理念值得我们认真学习。既吸收其他民族的家庭教育精华，也发扬中华民族的传统教育优势，两者结合起来，把我们的少年儿童培养得更优秀。

2019年6月23日

热爱生命，做自己的英雄

——读杰克·伦敦的《热爱生命》

罗曼·罗兰曾说："世界只有一种英雄主义，那就是了解生命而且热爱生命的人。"美国作家杰克·伦敦的《热爱生命》一书里描绘了无数的英雄——他们是那些为了改变生活、勇于到极度严寒的阿拉斯加淘金的拓荒者，他们是那些在海上艰辛生活的追寻者，他们是那些敢于反抗资本家巧取豪夺的产业工人，他们是那些夏威夷群岛上反抗白人殖民者的土著人……他们是芸芸众生的一员，却无比热爱生活、热爱生命，他们理所当然是英雄。

人的生命只有一次，多么宝贵。鲁迅曾说："希望是附丽于存在的，有存在，便有希望，有希望，便是光明。"为了生命的存在、延续，古往今来，地球上生命的拥有者，战胜恶劣的自然条件，穿越复杂多变的社会，在艰难困苦中以顽强和智慧生存，保持种族的延续，传承着生存和发展的文明。他们造就了多姿多彩的地球，这是生命的宏大诗篇，这是生命的奋斗史。

站在今天，回顾以往，我们只是漫漫历史中的一瞬；站在地球，仰观宇宙，我们只是滚滚红尘中的一颗，渺小，短暂，无痕。即便如此，人生一世，草木一春，也要无怨无悔地度过每一天。尼采说过："每一个不曾起舞的日子，都是对生命的辜负。"战胜自我，挑战自我，做自己的英雄。

热爱生命，不言放弃，即使生存艰难，即使身处险境。

2011年9月25日

科普读物，偶遇的明珠

——读《最新21世纪少年儿童百科》

  1997年9月，我担任了湛江市第二十五小学的少先队大队辅导员。因为年轻，冲劲十足，在郭朝琦校长的带领下，也想做一些改革，于是尝试着每周一下午进行少先队干部培训，指导学校少先队大队委和各中队干部自行策划准备、组织开展中队活动。每周五下午，全校少先队员不背书包上学，第一节课用于全校课外阅读，第二节课是中队少先队活动。可能是顺应了少年儿童的天性吧，他们能看自己喜欢看的书，搞自己喜欢的活动，所以每到星期五下午，少先队员们又轻松又快活，校园里到处是欢声笑语。

  开始的时候，全校课外阅读工作还处在探索阶段。那时候资讯不发达，没有可供参考的适合小学生阅读的书目，我只得回顾自己看过的好的少儿书籍，并且一趟趟跑新华书店和周边的小书屋。幸亏自小喜欢看书，关于儿童文学、历史、科普等书读过一些，书店里适合少年儿童阅读的书籍也大致翻了一遍，终于列出了一个书单。接着做了一个"热爱阅读，拥抱知识"的少先队大队活动方案，内容包括各中队组建课外阅读小组、全校少先队大队检查评比规则、课外阅读总书目、借阅购买相关书籍的湛江市少儿图书馆和新华书店的地址、借书证办理和使用的方法等。一时间，借阅、购买书籍蔚然成风。一次，未曾谋面的市少儿图书馆工作人员打电话到学校，跟领导说，是否可以和学生讲一讲，书单上的哪一本书都可以借，不要一去图书馆就只借排在书单前面的书籍。这可真是出乎意料，令人哭笑不得。有一天，郭校长问我还有没有读书方案，说是另一所学校的校长看到这份书目非常好，就拿走了。其实，这份书目比较粗糙，没有考虑低中高年级的接受层次。但是，郭校长告诉我的这件事，还是给了我莫大的鼓励。

为了让全校的课外阅读落到实处，每周五下午第一节课我和少先队大队委的干部一起去各中队检查阅读情况，并按照当时定的制度评分。湛江市第二十五小学规模很大，一共36个教学班，是当时湛江市城区最大的一所小学，有两栋六层教学楼，还有部分班级在综合楼的四楼和五楼上课。检查一节阅读课下来，要爬不少楼梯。好在那时候年轻，身体素质好，平时风风火火惯了，为了把每一个中队检查到位，爬楼梯都是两级、两级地跨。大队委干部能够独立工作后，我就放手让他们干，而自己就深入每个中队仔细检查学生都读些什么书。这段时间里，我眼界大开，除了学校印发的阅读书目以外，我还发现了许多好书，其中就有浙江少年儿童出版社出版的《最新21世纪少年儿童百科》。这是一本印刷精美的书，是我国翻译得比较早的一本适合少年儿童阅读的百科全书。

这本书是由日本株式会社小学馆编纂，按照宇宙星球、动物、植物、矿物、建筑、科技等归类，全部采用彩色图片，有简洁的文字说明，内容非常翔实。1995年，浙江少年儿童出版社通过上海知信实业有限公司与日本株式会社小学馆签订了翻译出版协议，由赵云飞翻译，并对原有的内容做了部分修改，加入了有关中国的自然科学和社会科学内容，使这本书更适合中国的少年儿童阅读。

例如，《宇宙》一篇，除了有太阳系、银河系各星球的图片和文字介绍，还列举了世界文明古国对宇宙的认识，并且画了图：古代埃及人认为宇宙的底层是一条大蛇盘踞着，上面趴着一只大乌龟，大蛇的头部和尾部向上拱起并连接，形成圆形，太阳、月亮、星星就在这圆形当中悬挂着。这些多有趣呀，别说小孩子，就是大人也会为古代人的瑰丽想象惊叹。

《玩具》一篇更是内容丰富。世界各国少年儿童喜欢的玩具、孩子们自制的花草玩具和泥塑玩具等，都有图片展示，甚至还有一篇专门介绍儿童玩的吹泡泡，照片里有一个吹出的超级大的泡泡，里面包着一个笑哈哈的儿童，令人忍俊不禁。

在科技介绍方面更是详尽：旅行者一号、各种用途的机器人、磁悬浮列车、各式火箭、各种用途的人造地球卫星……书中对当年的高科技磁悬浮列车的原理、速度、各式各样的实验车辆、行驶于地铁的磁悬浮列车都有非常详细的介绍。

书中，大到汽车、火车、飞机，小到照相机，都有结构剖面图，各部分介绍得清清楚楚，甚至大型港口、机场的布局图也非常清晰。不要说少年儿童，就连我这样的成年人也可以兴致勃勃地连续看上两三个小时。

当年可是1997年呀，这样的少年儿童科普书籍真是难得一见。为了能买到这本书，我跑遍了湛江市所有的新华书店也没找到。当时它的售价是100元，在那个年代，算是一本昂贵的少儿科普读物了。但是，好书怎么能错过呢。于是我拜托朋友找到她在新华书店工作的姐姐从外省调来两本，我和朋友这才一人买了一本。来之不易，视如珍宝。

这本儿童科普读物给我们一家三口带来了多少欢乐呀！

1999年，孩子出生之后，我们就经常阅读。幼儿时，孩子每次都要先看《蛋糕》《巧克力》《玩具》《自来水》《道路》这些篇目。慢慢地，她会用手指着图，把自来水从蓄水水库流入千家万户的厨房、卫生间的种种流程讲述得清楚流畅。有一次，她把小婴儿在妈妈肚子里孕育长大的过程讲给她奶奶听，可把年迈的奶奶吓了一大跳。后来孩子爱上科学，跟这本启蒙读物有着密切的关系。

好书从来不会因为时光流逝而减少它的价值。由于版权协议原因，后来浙江少年儿童出版社不再重印这本书了，可是对它的需求并没有减少。如今，在旧书网上，一本六七成新的《最新21世纪少年儿童百科》也要售价500至800元，而且缺货。由这本书陪伴着长大的90后、00后一代人，在网络上给予它的评价依然很高。

现在再翻看这本书，仍然觉得此书浅显易懂，图文并茂，容量巨大，即使是成年人，依然能找到自己科普方面的知识盲点，一样能快速进入愉快的阅读状态。

美国著名天文学家卡尔·萨根曾经说："我对科学的兴趣是通过读科学和科幻的书和杂志而保持下来的。"后来，他致力于科学普及，被誉为"新世纪最知名的科普作家和教育家"。

科普读物是科学传播方式之一，无疑也是很重要的一种。

就像《十万个为什么》一样，一本好的科普读物，不知可以影响多少少年儿童。

不知大家是否关注过中国公民科学素养调查报告。

我国的公民科学素质调查已经进行了近二十年。1992年、1994年、1996年、2001年、2003年和2005年之后，2007年、2010年、2015年、2018年，中国科协组织开展或委托中国科普研究所进行了中国公民科学素质抽样调查，范围覆盖我国31个省、自治区、直辖市和新疆生产建设兵团的18～69岁公民。2007年，中国科协进行大规模抽样调查之后，发布了非常详细的《中国公民科学素质调查报告》。文章指出，2007年我国公民具备基本科学素质的比例为2.25%，了解科学术语的公民比例为18.4%，了解科学观点的比例为33.5%，理解科学方法的比例为6.9%，理解科学与社会之间关系的比例为59.4%。当时，《中国青年报》记者进行了深度采访，文章提到：1989年，加拿大公众达到基本科学水平的比例为4%；1991年，日本的比例为3%；1992年，欧共体的比例为5%；而美国在2000年时，公众达到基本科学水平的比例为17%。2001年，与欧盟十五国、美国、日本进行比较时，在对科学知识的了解方面，瑞典排名第一，中国名列最后。在对科学方法的了解程度上，中国也几乎排名最后。文章指出，中国公民科学素养教育任重而道远。

2006年，国务院颁布了《全民科学素质行动计划纲要》。

近几年，中国公民科学素养有了很大进步。2015年我国具备科学素质的公民比例达到了6.20%。2018年我国公民具备科学素质的比例达到8.47%，为完成《国民经济和社会发展第十三个五年规划纲要》中2020年"公民具备科学素质的比例超过10%"的目标奠定了坚实的基础。但是，与发达国家相比，我国的公民科学素质水平仍有较大差距。

国与国的竞争关乎经济和科技的竞争，但归根结底是人才的竞争。青少年是人才的储备力量，社会进步的希望所在。他们对科学技术掌握的程度往往决定着一个地区的创新力、一个社会的发展力和一个国家的竞争力。

加强科学普及教育，学校有这方面的优势。至少，我们可以把优秀的科普读物推荐给少年儿童，激发他们对科学的兴趣。

在以后的学校课外阅读必读书目推荐中，我一直都把《十万个为什么》和中国大百科全书出版社的《中国儿童百科全书》以及这本《最新21世纪少年儿童百科》放在书单的最前面，希望学生们读了这些书后，爱科学、学科学、用科学。

【参考文献】

李群，刘涛，孙计领，等.中国公民科学素养调查报告［R］.北京：中国社会科学院，2019.

2019年5月4日

艺术滋养心灵

——读《希利尔讲艺术史》

艺术，凝固的永恒。我们渺小的生命是如此短暂，而永恒却是那样漫长，漫长得令人敬畏——这就是艺术。学过艺术，懂得艺术，就不会孤陋寡闻，不会浅薄无知。艺术滋养过的心灵丰盈美好，能自得其乐。

2016年，好友送我一套书《希利尔讲艺术史》《希利尔讲世界史》《希利尔讲地理》。其中，我最喜欢《希利尔讲艺术史》。

一、作者介绍

维吉尔·莫里斯·希利尔是美国著名的教育家，毕业于哈佛大学，毕生从事中小学教育，创建了卡尔沃特教育体系，是卡尔沃特学校首任校长，也是美国家庭学校（Homeschool）课程体系创建者。

卡尔沃特又译作卡尔·威特，他是德国牧师老卡尔·威特先生培养出的一个天才儿子。我国曾翻译了《卡尔·威特的教育》一书，非常值得一读，这是世界上最早的早期教育专家讲述培养儿童的书籍。日本的儿童早期教育和我国有关专家的研究等大都来源于此。据说，《卡尔·威特的教育》一书的原稿就珍藏在哈佛图书馆。

希利尔认为，孩子们的写作、阅读和数学的基础必须夯实，在此基础上，学生应当接受历史、艺术、地理和科学的系统教育，意在培育熟稔周围世界各个方面的全面型学生。他说："历史、地理和艺术实是孩子一生学识的基石：历史是时间的纵深所在，地理是空间的广博所在，艺术可以安放孩子纯洁的心灵。"他非常重视孩子的见闻、意见、思考问题的方法，一生致力于研究他们，和他们对话。因此他熟知孩子们需要什么，知道怎样讲孩子才愿意听。他的学识和他对孩子的理解，让他在美国及全世界许多地区赢得了很大声誉。他的这几本书成为风行美国的教材，成为主流教材，得到了孩子们的喜爱。

二、趣味盎然

艺术史是那么"高大上"，高高在上、神秘莫测的样子给人一种距离感。

如果给孩子们讲艺术，要讲些什么？怎样让孩子们理解？怎样让孩子们感受到艺术美？

希利尔懂得孩子的性情、爱好、兴趣，所以在书中尽力强调其中的轻松有趣。一味地灌输，孩子们并不喜爱，他们喜欢在听别人讲述的同时开动自己的脑筋，把自己的想法毫不掩饰地说出来，以示他们能独立思考。希利尔正是懂得孩子，所以，他写的每个小节都以一个有意思的故事或者是现象引入，调动孩子们的思维，引起他们的兴趣。例如，在介绍穴居原始人创作的时候，会问小读者："你认为这些穴居人会画些什么呢？"他深知孩子最爱画画："我想你画的东西应该不超出以下五种猜测：我首先会猜是一只猫，然后是一只帆船或一辆汽车，再然后是一座房子，再猜是一棵树或一朵花，最后才是一个人。除此之外，还有别的吗？"你能想象出可爱的孩子围在希利尔身边，一边瞪大着眼睛听故事，一边又叽叽喳喳地讲出自己最喜欢画的物品的情景。只有懂得孩子的这种心理，才能够吸引他们去猜想穴居人绘画的内容。有兴趣，想探索，孩子们才乐此不疲地阅读下去。在第二小节介绍古埃及绘画的特点时，希利尔注重引导孩子们仔细观察。他出示了一幅古埃及人画的画，这幅画画的是一个坐着做长矛的人，然后说："画中有几处不对劲的地方。我不知道你的年龄有多大，能不能看出这幅画中的毛病。"一提起古埃及画，人们眼前就会浮现出这种画面："人物的眼睛和双肩是正面，脸和身体却是侧面。"希利尔引导孩子去观察画，才使孩子对古埃及画的特点有深刻的印象：他们遵守的是"正面侧身律"。古埃及人在绘画方面的另一大贡献是：采用红黄蓝绿四种亮色，加上黑白棕色，但是他们的颜色都不容易褪掉，这个可不简单，直到现在，这些绘画依然颜色鲜艳。为什么古埃及人建造金字塔？为什么在陈列木乃伊的陵墓里画上这么鲜艳的画作？希利尔用干净、纯洁、生意盎然、很直接的语言，用孩子最感兴趣的思路，把问题讲得通透明白。

无论是世界绘画史还是雕塑史，希利尔先生介绍作品的时候都会加上相关的历史背景或是关于作者、作品的奇闻趣事，将深奥的艺术浅析成一连串通俗生动的人文故事，语言幽默、活泼，读起来令人轻松愉悦。

对世界绘画史的介绍，希利尔先生不但介绍了重要的作家和闻名于世的代表作，还介绍了画家们的创新，这是他们对世界艺术的重要贡献。从原始社会到现代，人们从只会画轮廓，到画好细节；从画动物，到画人物；从画圣母、圣婴，到画贵族、画普通人，范围越来越广；对光线产生的光影变化掌握得越来越好，后来发现透视，懂得近处的要画大，远处的要画小；画的人物从只有微笑，到画出喜怒哀乐；从只有简单的黑色，到使用鲜艳的颜色，甚至可以流传百年千年的油画颜料……人类艺术的历史就是人类不断进步、不断创造的历史。

在世界雕塑史上，米开朗琪罗的代表作品《大卫》被称为"意大利最完美的男人"。在古希腊雕像中，男人强壮，肌肉发达；女人圣洁，宁静温柔。像北京奥运会上的女祭司般，犹如古希腊雕像的复活，人类自身的美丽令人惊叹！

希利尔先生讲述人类建筑史的时候，呈现了很多建筑美图，有宏伟磅礴的，也有清秀玲珑的：造型古朴的金字塔，雄伟大气的神庙，恢宏的竞技场，高耸入云的教堂，华丽的哥特式建筑等，它们都是人类智慧的结晶。

三、美育，通往艺术美的必然之路

艺术呈现的美，世界相通。艺术的追求，永无止境。这是人类发展的必然。今天，我们对学生进行美育，就是希望用美育打好人生"底色"，使他们能感受美、欣赏美、创造美。我们应该像希利尔先生一样，给孩子最好的美术、最好的音乐、最好的文学、最好的电影……让他们得到美的熏陶，培养学生拥有一颗发现艺术、懂得艺术、欣赏艺术的心。

了解艺术的发展源头，通晓艺术的历史演变，懂得一定的艺术基础知识，在建立起艺术的整体思想框架之后，在生活中培养自己的艺术情怀，才能拥有一双艺术的慧眼。当每一个公民都拥有发现美好的眼睛与心灵，拥有完善的性格、富有情趣的人生和更高的精神境界时，我们将能处处感受到艺术美，享受着艺术美带来的愉悦，这将是多么美好的生活！

2019年7月7日

与《一千零一夜》的惊喜遇见

2011年，我教二年级语文时，布置的课外读物是《一千零一夜》。学生拿书回校在阅读课上翻阅，绝大多数都是薄薄的一本，有的是注音读物，有的是简写本，不同版本选译的故事大致相同，主要情节也差不多。我注意到一个学生拿着一本厚厚的《一千零一夜》，心中疑惑：不都是那几个熟悉得不能再熟悉的故事吗，怎么这本书这么厚？等到下课，我马上问那个学生，可否借给老师一看。这一看真是大开眼界，一读就放不下来。为了不耽误这个学生阅读，我赶紧上网买了一本同版本的。收到书，白天读，晚上读，说废寝忘食一点不为过。这本《一千零一夜》是中国书籍出版社出版，由中国科学院外国文学研究所研究员、中国阿拉伯文学研究会副会长郅溥浩翻译的。作者毕业于北京大学东语系阿拉伯语专业，先后在大马士革大学、开罗大学进修。作者非常专业，也非常敬业，翻译成中文的《一千零一夜》一共五十八万字，较少出现在简写本上的《巴格达脚夫、三个女郎和三个流浪汉》《阿里·沙琳和女奴珠曼丽》《骗子母女的故事》等一系列大故事和小故事，都收录在书里，书的容量很大。没有删减缩写的故事，充满了奇妙的幻想、曲折离奇的情节，有着浓郁的生活气息和鲜明的阿拉伯民族与宗教特色，再现了中古时期阿拉伯人的生活、风尚、习俗。作者翻译时保留了阿拉伯文学诗歌一样的语言特点，加上阿拉伯民族民间传说特有的大故事里套着一层层小故事，引人入胜，令人着迷。

《一千零一夜》是流传于阿拉伯地区的民间故事，由说书人不断整理创作，不断吸收新的传说和故事，直到16世纪初整理提炼，在埃及定型出书。它是阿拉伯人民集体智慧的结晶，也是世界文学宝库中一颗璀璨的明珠。

如果你只读过简写版的《一千零一夜》，或许会以为阿拉伯文学就是那个样子，如同我之前对它的认识一样。庄子曰"夏虫不可语冰"，大概就是指没有相同的经历，没有领略过同样的风景，是很难感同身受、产生共鸣的。

读了这本书，打开了一扇新的窗户。书中描绘的阿拉伯、波斯、印度、罗马等地区和民族的人民有着鲜明的特点：善于比拟，擅长描绘，想象奇特诡异，生活中喜欢用诗歌和哲理。他们的聪明才智展现了世界民族的多姿多彩。

我们听新疆民歌《阿拉木汗》，觉得维吾尔民族在一首歌里描述姑娘的美丽，用了那么多的比喻："她的眉毛像弯月，她的腰身像眠柳，她的小嘴很多情，眼睛能使你发抖"；写对她的思念，充满生活气息："为她黑夜没瞌睡，为她白天常咳嗽，为她冒着风和雪，为她鞋底长跑透"。正是异样的民族风情使这首民歌风靡全国几十年。《一千零一夜》里的描绘也是这样，甚至出现众多对年轻男子美貌的描写：

> 他的唾液如同芬芳的纯酒，
> 呼吸好似馥郁四溢的麝香，
> 人们把他姣好的面容展现，
> 却责备被他迷惑住的姑娘，
> 如果是为了保护我的声誉，
> 最好将他美丽的面庞掩上。

同时，描绘的生活画面充满异域色彩。平时我们从绘画、电视电影里看到阿拉伯、波斯民族男女佩戴面纱、身穿长袍，喜好歌舞，和他们经常骑的骆驼一样坚忍顽强，生活方式也与众不同，有着不同于其他民族的鲜明特征。从书里，我们也能感受得到：

> 我若演奏动人的乐曲，
> 有四种乐器缺一不可，
> 四弦琴横笛竖琴和铙钹；
> 我若配制沁人的香粉，
> 有四种花卉缺一不可，
> 桃金娘玫瑰丁香和百合；
> 我若度过感人的良宵，
> 有四种东西缺一不可，
> 芳草地鲜花美酒和酣歌。

《一千零一夜》里人物众多，他们的身份不同，有哈里发、丞相、贵族、

73

商人、后妃、渔夫、理发匠、女奴、仆人等，这些人物有着独特的性格特征，呈现出中古阿拉伯极为广阔的社会生活画面。不论他们高贵低贱、贫穷富裕，都一样充满智慧。书中关于人生智慧的语句俯拾即是：

> 面对别人的粗暴你要和蔼，
>
> 在灾难面前你更需要忍耐。
>
> 时光就像十月怀胎的孕妇，
>
> 会生出你想不到的事儿来。

　　因是民间故事，经过几个世纪的流传创作，这些故事把普通人的喜怒哀乐描述得细致入微、真实可信。《哈里发与河里发》的故事里，贫苦的河里发撒了很多次网，总算捞上来一只好运猴子。听从猴子的指点，他网上来一条罕见的大白鱼，去卖给犹太商人塞尔度。河里发得到了一个第纳尔金币，不仅是"心里乐开了花"，而且"眼睛都有点花了"。他太高兴了，转身出了门，走了几步，想起好运猴子的话。返回钱庄，塞尔度给了他五个第纳尔，河里发收下钱，暗自得意，"心里高兴，脚下生风，不一会儿他便从钱庄所在的街道的这头走到了那一头"。直到这时，他才想起好运猴子说的话："给你多少钱，你都别答应。"于是三步并作两步急匆匆地返回钱庄，按好运猴子的指引去要塞尔度的一句承诺："我同意将我的猴子和它的运气同他——渔夫河里发的猴子和它的运气交换，绝不反悔！"这个卖鱼、要钱、退钱、要承诺的过程，一波三折，把渔夫河里发贫穷至极，突发横财，欣喜若狂的心理、语言、行为展现得纤毫毕现，细腻真实。这不是普通人都曾有的切身体会吗？贴近生活、反映现实，听故事的和读故事的都有强烈的共鸣，民间故事才流传至今，生生不息。

　　因为书中记录的是古代近东、中亚和其他阿拉伯地区诸民族的神话传说、寓言故事，不但情节总是出人意料，也有神和魔出现，法力无边，神秘莫测，因此扣人心弦，展现出无穷的魅力。

　　读这本《一千零一夜》，深刻地体会到浓郁的阿拉伯文学风格特色，真切地感受到"世界文学宝库中一颗璀璨的明珠"的光华。读这种没有删减、没有缩写的作品，让人酣畅淋漓，欲罢不能。

　　感谢翻译者郅溥浩老师，让我领略了阿拉伯文学的风采，享受这文学的盛宴。

　　记得村上春树曾说："如果你只读每个人都在读的书，你也只能想到每个人都能想到的事。"写这篇文章，一方面是在同样的书中，我遇到了一本好书。只有读到好书，才能体味到其中的情味。我愿意和大家分享这种快乐。另一方面还包括另外一个原因：这样一本好书从何而来？事后我问这个学生，才得知学生的父亲是一位工程师。我想：我们的学生家长有的从事种植，有的从事养殖，有的做生意……各个行业里不乏优秀人才，或许他们就是其中的一员。虽然我们从事中小学教育的老师在自己的行业里有专长，但并不妨碍我们向家长学习他们的长处。俗话说"隔行如隔山"，他们工作的领域我们并不熟悉，也非内行，所以我们诚恳些、谦虚些，不但利于我们向他们学习，也利于和他们共同配合教育学生成长。如果不是这位家长有见识，我怎么能遇见这本《一千零一夜》呢？如果我没有读过，怎么向学生推荐这本好书呢？茫茫书海里，学生早一点找到它、读到它，就能早一点感受阿拉伯文学的风采。同样花时间阅读，读经典应该有不一样的体验。

文中摘录均来自中国书籍出版社出版的《一千零一夜》，2019年5月4日

我和女儿共读四大名著

　　刚参加工作，发了三个月工资，我喜不自胜，给父母各买一份礼物，留下几十元生活费后，冲到书店买下了一套四大名著。我特地挑了岳麓书院出版的精装本，厚书皮，印刷清晰，纸张特别好，读起来心情愉悦。作为收藏，当然要质量特别好的。四大名著的原著虽然是明清的白话文，但读起来还是有不少生僻字，而且古代的官吏名称、礼仪制度等，我都搞不清，只能囫囵吞枣地读下去。特别是《红楼梦》，里面关于建筑、服饰、饮食、诗词等许多知识，即使读过一遍，也仍然只是知道单纯的字面意思，读后茫然。我心不甘：这么好的作品，怎能不读明白呢？于是到处找关于《红楼梦》的文章，各种报纸杂志上只要有豆腐块大小的关于《红楼梦》的文史知识，我都不放过。后来，终于在父亲工作的医院图书室里看到一本专门研究《红楼梦》的期刊——《红楼梦学刊》，高兴得不得了。后来才知道，研究《红楼梦》的刊物，全国有一百多种，而这个期刊排名第一，更加兴奋。于是我在暑假期间每天准时去图书室。图书室的管理员黄阿姨来上班，我就"上班"。每读一期，我都进行摘抄；看完一本，又求黄阿姨找出过往的期刊细读。结果，图书室里存了几年的《红楼梦学刊》，我全部读完了，和黄阿姨也成了忘年交。有了各种文史知识，再读《红楼梦》，速度快多了，越读越感受到《红楼梦》是一部古代的"百科全书"。后来，我考入上海华东师范大学中文系，聆听了华东师范大学中文系特聘老教授（原上海电影制片厂的一个老导演）讲《红楼梦》，听得津津有味。后来老教授出题考试时，我得了优秀。因为有了这些鼓励，往后的日子，我多次重读《红楼梦》。随便翻开书，都能快速进入场景读下去。

　　1987年版的电视连续剧《红楼梦》，由王扶林先生导演，周汝昌、王蒙、周岭、曹禺、沈从文等多位红学家参与制作。该剧播出后，得到了大众的一致好评，重播千余次，被誉为"中国电视史上的绝妙篇章"和"不可逾越的经典"。获得如此高的评价，和导演以及众多红学家精益求精的学术追求密不可分。他们广博的知识给我们带来了美的艺术享受。这部电视剧重播时，我边看边读，对书里面描绘的亭台楼阁、水榭园林等建筑艺术和人物角色的各种服饰等有了更形象的了解。

《刘心武揭秘〈红楼梦〉》出版后，我也是彻夜长读，书中从金陵十二钗中的秦可卿着手，详细考证《红楼梦》中各人物的生活原型，复原《红楼梦》创作时的时代风貌，令人欲罢不能。后来又买来张爱玲的《红楼梦魇》细读。

二十九年过去了，当女儿上三年级时，我决定让她读《红楼梦》等四大名著。通过自己的阅读经历，我知道循序渐进、先易后难的阅读阶梯必不可少。我先给她买了一套新出版的小人书《红楼梦》，让她尝尝鲜。有时候又和她交流，讲讲图画里面没有的细节，吊吊她的胃口。但是我还是很着急，因为没有整套的《红楼梦学刊》来让她读明白。找什么来帮助她理解呢？我苦苦找寻，只要是书店，我都会特别留意。功夫不负有心人。两年后（2011年），我在一家小书店找到了长春出版社的"注音释词解义"版本的四大名著。这一套书对于原著当中的难字、生僻字进行了注音释词解义，有关的文史知识也有简明扼要的注释，读起来理解容易多了。于是我毫不犹豫地买下来，同时把它推荐给女儿同学的父母。书店里仅存的几套一下子全卖光了，书店老板笑得合不拢嘴，我们也因找到了好书而开心。

女儿读完这个版本的四大名著后，我郑重地拿出了岳麓书院出版的那套四大名著，让她再读原著。她也很乐意读，经常在吃饭时和全家人交流感受。女儿最喜欢和我交流《红楼梦》，和她爸爸交流《三国演义》。经常是读完几天，就问一问她："读到了哪个章节？觉得印象深刻的是什么？有什么感受？从哪些地方感受到的？"当女儿谈出自己的想法时，我也会把自己的阅读感受讲出来和她分享。我们在这种共读交流中享受着四大名著带给我们的温馨。

女儿读《西游记》前，我先在网上找出了上海美术电影制片厂制作的经典动画片《大闹天宫》和《美猴王》等，激发她的兴趣。杨洁导演的《西游记》是全国人民百看不厌的电视剧。我在女儿看《西游记》时，就注意引导她找出书里和电视剧的不同。比如第六十四回《荆棘岭悟能努力　木仙庵三藏谈诗》，虽然电视剧里有相关情节，但是原著里的诗歌最能表现唐三藏的才华横溢，细细品读，才能更全面地了解人物形象。还有一些情节，电视剧里没有，也让孩子认真细致地阅读，以便加深对原著的熟知程度。通过引导孩子进行对比阅读，让孩子对《西游记》原著了解更多、读得更细致。读《西游记》，我最想让女儿深入理解唐僧师徒四人对待取经的态度、遇到困难挫折不同的处理方式，所以每每读完原著几个章节，就会和女儿一起回忆故事情节，总结出师徒四人的不同点，也对比前面几章里他们的进步，引导孩子思考，随着他们取经的进展，克服一个个困难，降伏一个个妖魔，慢慢地接近西天取经的目标，体会他们坚定目标、战魔斗妖的智慧和能力的增长过程。

读《水浒传》，看电视剧和听长篇评书最适合了。评书把曲折的情节讲得悬念丛生，人物形象饱满生动，个性鲜明，人物语言独具特色，评书人把文字表现得栩栩如生。鲁智深那一声"哇呀呀呀"，时迁尖声细气，吴用沉着冷静……评书人通过音色和语调的抑扬顿挫等各种语言技巧把人物鲜明的个性、书中描绘的场景生动形象地表现出来。听完评书，再让孩子读《水浒传》，就非常容易激发出想象力，对原著的理解和记忆更深刻。

多种形式读四大名著，好玩有趣；和女儿一起共读，倍感温馨。

2018年3月18日

阅读，助你慧眼识才

学校有一个才艺俱佳的教师，她的孩子和其他教师子弟一起在我们学校就读。因为她女儿比其他孩子成绩差一点点，所以平时她总有那么一点点自卑。

学期末，学校给每位教师发了一本王宏甲老师著的《中国新教育风暴》和周弘老师的《教你如何赏识孩子——赏识教育操作方法》进行集体阅读。新学期一开学，这位老师逢人就夸女儿："太出乎意料了！"她说出原因，大家更加惊讶。原来，她女儿寒假里用自己仅有的300元压岁钱做起了微商，通过在同学微信群里办理电影票代购，二十多天下来轻松赚了200多元（假期行为，平时上学还是以学习为主）。更令人大吃一惊的是，她要和自己读六年级的表弟合作，还打算把表弟培养成她的"下级"。寒假，她给表弟讲了几次课，可是在班级里成绩优异、当班长的表弟怎么也"出不了师"，她急得直跺脚："你怎么还没有明白？！'上级'跟我一讲，我早就把钱赚了。"

我们总是说，孩子们各有天赋，各有所能。只是大多数老师和家长只关注成绩，没有关注到每个孩子的兴趣和特长。这位老师一家三代为商，女儿从小耳濡目染，自然财商很高。当现代的微商出现的时候，她的"商业嗅觉"一下子就显露出来了。而她的表弟学习成绩优异，沉静好学，将来可能是一位研究型人才，但是在从商方面却没有特长。

这两个学生的故事实实在在给我们上了一课。

"你的教鞭下有瓦特，你的冷眼里有牛顿，你的讥笑中有爱迪生。你别忙着把他们赶跑。你可不要等到坐火轮、点电灯、学微积分，才认识他们是你当年的小学生。"教育教学中，你可能真的会遇到未来的富翁、发明家和科学家，将来，他们会发挥自己的特长，成为三百六十行甚至很多新兴行业里的"状元"。

2018年10月3日

孩子们，愿书香沁润你的心

教小学生，我有一种紧迫感。

如果没有尽快让学生感受到阅读整本书的乐趣，他们就会功利性地为考试而读书，以为阅读是这般无趣、无奈；如果没有让学生尽早阅读各个门类的书籍，他们会以为窗外的风景不过如此，不会有新奇，他们发现自己的兴趣和天赋的时间就会推迟很多。

我喜欢学生在课堂上能说会道、口若悬河，最好是头头是道；我也喜欢学生手捧一本书随时随地打开，进入旁若无人的境界；我更喜欢学生拿着读过的书和人交流探讨时争先恐后、侃侃而谈的模样；当然，我更希望学生读过很多书，气质儒雅，彬彬有礼，出口成章，见识与众不同。

我盼望着，一群又一群的毕业生慢慢地成长，而我更期待他们回到家中"围炉夜读"的温馨，成就他们终身学习的幸福人生。

2016年9月21日

阅读，与经典同行

　　传统文化是根，滋润着中华民族之树，根深叶茂；传统文化是魂，牵引着炎黄子孙的心，海内海外魂牵梦萦。中华民族历史悠久，传统的经典文化更是灿若星河，这些优秀的文化凝聚了前贤的大智大慧，睿语哲思，浓缩了华夏五千年的思想精粹，感染熏陶了一代又一代龙的传人，是中华民族宝贵的精神财富。世界经典名著展现了各国厚重的历史、各民族优秀的文化，值得我们去了解。学校肩负着传承文明的神圣职责，在当今社会，我们更需要用中国传统文化和世界文化的精华培育21世纪的少年儿童，使他们具有中华民族的"根"，也具有全球视野的"眼"。

　　湛江经济技术开发区第一小学怀抱着"与经典同行，与圣贤为友"的目的，开展了丰富多彩的传统文化教育活动。

　　湛江开发区第一小学制订了湛江经济技术开发区第一小学《课外阅读活动方案》，在全校师生大会上布置课外阅读要求，并印发给每个师生一份。该方案从阅读的指导思想、班级读书小组的建立、购书借书途径以及推荐书目等各方面均非常详细地进行了指导。尤其是所推荐的书目更是精挑细选，有《中国神话故事》《西游记》《上下五千年》等十类一百六十三本优秀经典作品目录。学校同时要求学生阅读之后，家长如实填写学生读书卡进行记录，开学初，由班主任统一检查，在班级中表扬读书多的学生。以后每个假期，学校都根据学生的年龄段重点推荐不同的优秀书目引导阅读。通过这样的方式，阅读活动得到落实，学生的阅读量逐步提高。

　　为了进一步推进阅读活动，学校决定开设阅读课，列入课表。阅读课每班每周一节，学校设立专门的阅读教室，由专任教师进行管理，学校根据学生年龄段提供各类适合的图书供学生阅读。通过这种课程的形式，加上每个班级设立的图书角，一起为全体学生提供了丰富的书籍，即使是家庭困难的学生，也能保证每周的阅读。学校特别为全体学生印制了湛江经济技术开发区第一小学学生《课外阅读存折》，记录每个学生所读过的书、字数，由家长、班级评价小组盖章记录。有了"存折"之后，学生们争先恐后地进行阅读，比赛谁读的量多、质量高。各班陆续涌现了许多"万元户""十万户"，还有许多高年级学生获得了"阅读百万富翁"的称号。每个班级对这些"阅读百万富翁"都进行隆重的表彰，进一步推动了阅读经典活动的深入开展。

在越来越多的学生爱上经典之后，学校又提出阅读笔记要求，明确把学生每天的阅读要求作为一项常规作业，由语文教师每天检查。同时根据年级不同制定不同的具体要求：低年级要求阅读之后家长签名，注重养成阅读习惯；中年级要求阅读之后摘抄好词好句，注重阅读积累；高年级要求阅读之后写简短的感悟和评价，注重学生的阅读思考。

为了提高经典阅读的效果，我们推行课外阅读指导课的研究。全体语文教师开始探索各个低、中、高不同年级课外阅读的指导方法。经过深入细致的研究，学校语文教师总结开发出很多课外阅读课内指导的方法，如低年级的"亲子阅读""读写画想"，中年级的"我与名著的对话"，高年级的"PK阅读之星""阅读百万富翁"等，有力地推动了学生的经典课外阅读活动。

为了提高学生阅读经典的兴趣，学校组织评选"阅读之星"。"阅读之星"的评选根据学生的阅读量进行评价。"阅读之星"分为十个等级，从一星级"阅读之星"到十星级"阅读之星"，另外，还有阅读小学士、小硕士、小博士、金博士、钻石博士。一星级"阅读之星"要求阅读五本书，每增加一级就有增加五本课外书阅读的要求。最高级别的"阅读钻石博士"要求读完一百本书。为了进行阅读评比的真实性，我们不断改进评价、检查的方法。在阅读的检查中，不但要求学生写出书的内容，还要求用简短的话写出自己的感受，促进学生读后的思考。对于阅读量的确认，要求有家长签字、教师检查和班级读书评价小组检查盖章通过，才给予认定。各个班级在"阅读之星"的评比当中，还创造出很多有趣的检查方法。例如，由读书多的同学组成评价小组，对阅读的同学就书中内容提出问题，以此进行检查；有的班级把学生按照大组组织到风雨操场围成圆圈坐下，由阅读的同学介绍书的内容，让小组的同学开阔眼界，起到既检查又推荐新书的目的；还有的班级开展班会活动，让阅读量多的同学直接上台PK。

各班提高学生阅读兴趣的方法也有很多。低年级的班级在"记录成长点滴"的展示栏里，展出学生推荐好书的图文结合的作品；有的班级把学生的"我的读书感受"写在各种颜色、各种形状的贴纸上，作为展示栏；高年级要求学生做成彩色"读书之星卡"，星卡上有学生个人介绍读过的好书、平时读书的习惯、读书的感受，贴上个人的相片，展示在班级当中。

学校还注重全体教师的阅读。每个假期，学校统一购买经典名著让每一位教师阅读。到2013年初，全校教师集体阅读了十多本书，其中包括《于丹"论语"心得》《教育的理想与信念》等。这些书，有的用通俗而优美的语言诠释传统文化经典，有的用真实的事例讲述理想的教育如何在学校得以实施。学校要求教师在读书的同时要结合自己的教育教学实际写出心得体会，对写得好的文章，在全体教师会议上宣读交流。学校教师在阅读中受到传统文化经典的滋养，开阔了视野，能够站在一定的高度看待教育，也能学到教育教学的新方法。

通过多年的努力，全体教师、学生爱读书、迷读书，校园洋溢着浓浓的书香，结出了累累硕果。

《湛江日报》曾以"读书好、读好书、好读书"为标题报道了湛江经济技术开发区第一小学假期开展课外阅读活动的情况，还配发了图片；学校被评为湛江市第六届、第七届读书月活动先进集体，"广东省书香校园"，成为湛江市八所"书香校园"之一。

在湛江市校本研修示范学校活动展示中，学校的一位教师执教了《读李白诗歌，品太白遗韵》，检验了学生经典古诗文的积累。这节录像课荣获广东省录像课一等奖。

学校在承担湛江市校本研修培训活动中，展示了一位教师执教的《推荐一本课外书》口语交际课，并由教导主任当场组织学生进行传统文化知识抢答赛。学生在课堂和抢答赛中展示出丰富的传统文化知识，令来校参加活动的市校本研修专家、区教育局领导、各县区的兄弟学校领导大加赞赏。

无数名人对阅读经典都有过深刻生动的描述。让师生沉醉书香，养成终身学习的习惯，就会让古今中外优秀人士的经典著作始终陪伴左右，给我们打开一扇又一扇窗户，展现一幅幅美妙的图画，这样的人生多么美好！

本文于2013年参加湛江经济技术开发区教育局举办的"觉民教育"征文获一等奖，2013年5月25日

种类多样，质量优秀，注重反馈，
作品具有代表性

——推广阅读需要注意的事项

一、种类多样

记得我校刚刚推进"书香校园"的时候，五年级的志远同学看到我嗓子不太舒服，就给我开了一张药方，有冰片、牛黄等，每一样药物的剂量都标注得很清楚，我深受感动。湛江日报社的记者来采访时，也把这件事写进了文章里。后来，我找志远同学聊天，才得知他那段时间正在读《本草纲目》，令人惊讶。其实，每一个学生的个性不同、爱好不同，未来他们要走的道路也不相同，我们教师就是要引导他们发现自己的天赋和兴趣爱好，所以我们推荐读的书也要多样化。科普类书籍《中国儿童百科全书》，历史书籍《中华上下五千年》《世界上下五千年》《明朝那些事儿》，艺术类书籍《希利尔讲艺术史》和名人传记等，均有推荐，学生都去接触了解一下，他们才会逐渐了解自己的兴趣所在。我们推广阅读的目的就是促进学生了解自我、了解世界，开阔他们的视野，促进他们的精神成长。

二、质量优秀

对于推荐给学生的书，教师最好自己全部阅读过，了解最好的出版社作品和适合学生阅读的版本。现在出版业发达，同一本书有很多个版本，版本不同，质量也不同，最好先由教师进行对比之后再推荐，以免学生和家长买到盗版书籍。翻译的作品，选择"信、达、雅"的水平高的译者作品。有些翻译不好的书籍，阅读起来感觉很吃力，会影响学生的阅读兴趣。目前，家长购买或借阅的途径很多，教师只负责推荐几个版本就可以。

三、注重反馈

推荐课外书给学生阅读后，教师要及时了解学生的感受，对书目做适当调整。我曾经给学生推荐了《镜花缘》。这本书是清朝中期一本很奇特的书，描写唐敖、多九公乘船游历海外，目睹女儿国等众多奇异世相。后来武则天科举选取才女，由百花仙子托生的一百位女子，纷纷从各地赴京赶考，最终被选拔上，并在朝中有所作为。后来我了解到女学生爱看，部分男学生不喜欢，所以在第二次推荐时，我就没有把《镜花缘》再列入推荐书目了。

四、同一个作者的多部作品推荐代表作

正如鲁迅所说："只看一个人的著作，结果是不大好的：你就得不到多方面的优点。必须如蜜蜂一样，采过许多花，这才能酿出蜜来。倘若叮在一处，所得就非常有限，枯燥了。"所以，我们推荐作品给学生的时候，同一个作者的多部作品最好推荐他的代表作。学生如果喜欢这位作家，就会去书店翻阅作者的其他作品。

记得我给二年级学生推荐童话大王郑渊洁的《舒克与贝塔》第一集后，有一个学生用自己的压岁钱买了十七集，每天饶有兴趣地读啊读。还有许多学生读了《狼王梦》之后，把作家沈石溪描写其他动物的作品都读了个遍。即使如此，我们也不能把这当作普遍现象。当学生因为喜爱某书，走进书店，看到众多门类的书籍，他们会慢慢被自己的兴趣指引。我们教师就要像一个引导者，打开大门，让学生们奔向广阔的世界去探寻、去发现。

2019年7月20日

架心桥　育学生

育人育心开篇话

　　教育者从事的工作很崇高，被誉为"人类灵魂的工程师"一点也不过分。教师烦琐的工作都是围绕着如何让学生健康成长这个主题。

　　学生是弱势群体，他们在原生家庭里度过的日子、在心灵上留下的痕迹将伴随他们一生。学生们经历的一些事情，在大人看来可能是小事一桩，而在学生的眼里却是"天大的事"。他们心上压着沉重的"石头"，整天担惊受怕、忧心忡忡，哪来幸福和快乐呢？如果教育者或学生身边的人具有敏锐的观察力，能引导他们放下恐惧、担忧、痛苦，他们才会轻松快乐，露出可爱的笑容。

　　在近三十年的教学生涯中，耳闻目睹个别小学生的困扰，甚至个别小学生遭遇到危险的心灵创伤后，即将走向极端。有感于当时救助的紧急，记录下来，希望引起所有人的警醒。

　　"浇树浇根，育人育心。"

　　学生就像一棵有生命的树，培育有法，才会在风中欢笑。而救助一个学生，重要的是抚慰他的心灵，就像一棵逐渐枯萎的树，要关注它的根。根活了，树就活了。

　　一个阳光、自信的学生，就像绿得闪光的小树，生机勃勃。

　　一个个阳光、自信的学子，就是充满希望、朝气蓬勃的森林。

　　他们欢笑着，在风雨中身姿挺拔，茁壮地成长，长成一棵棵坚韧的大树，撑起一片片绿荫，成为一道亮丽的风景线。

2017年5月6日

噩梦从何而来

这是发生在20世纪90年代的真事。

我刚参加工作两年，教的一年级学生刚升入二年级。

一个平时很乖巧的女生小Z，连着几天上课总是打瞌睡。批评一下，她强打一会儿精神，又忍不住坐着发困。我仔细观察了一阵，发现小Z的脸色蜡黄，精神萎靡。找她问，她说晚上睡不好，总做噩梦。问她是不是生活中遇到特别令她害怕的事，也回答没有。这就更奇怪了。

放学后，我特意找来小Z妈妈了解情况。她妈妈告诉我，说孩子也告诉他们了，每天晚上总是噩梦不断，吓得睡不着，浑身冒冷汗。到医院去检查，医生也没有查出原因，喝了几服中药也不见有效。家里又怕是什么妖魔鬼怪缠身，也拜了神，请了当地的巫医驱魔化水给她喝了，还是不见效。看着孩子日渐消瘦，家长真急了。

我觉得这事挺奇怪的。因为一年级时，小Z从来没有出现过这种情况。噩梦从何而来呢？

一天傍晚，我决定去小Z的家里走一趟，看看能不能找出原因，希望能想出办法把小Z从噩梦中解救出来。

小Z的家是一排当年为知识青年下乡建的砖瓦结构的房子，很多人家并排居住，每家都有一个后院。走进她家，堂屋郑重地供着神仙牌位，香炉里还燃着香烛。我要小Z妈妈带我去了她的卧室。卧室不大，大约10平方米。小Z和姐姐睡的木床靠着墙，一张八仙桌靠窗放着，桌上摆着一台小电视。窗户是那种三扇推开的玻璃窗，内有钢筋护窗，防护得很好，采光也非常好。窗外是一株高大的槐树，枝叶茂盛。窗子对面是院子高大的围墙。我心里嘀咕：这样的卧室非常安全，小Z应该不会感到危险。况且，与小Z同睡的姐姐并没有出现做噩梦的现象，小Z在一年级时也没有出现这种现象。这到底是怎么回事呢？

是近段时间房子里产生了变化吧？是什么变化呢？我边思索边观察。再次打量这间卧室，我注意到了桌上的电视机。我问小Z："电视机是最近搬进来的吗？"小Z和她妈妈都点头。小Z妈妈说："小Z姐姐已经上班了，说晚上想看电视，就把电视机搬进来了。"

我轻轻拉过小Z，问："你每天晚上做完作业就看电视吗？"小Z不好意思地点点头。因为我在班里要求过，尽量在上学时间少看电视，周六、周日可以看《动画片》《动物世界》等节目。

"你能告诉老师都看了哪些电视剧吗？"

小Z说了一些武打片、恐怖片的剧名。

我心头一震，马上问小Z："那里面有好多杀人的镜头吧？你看到那些血糊糊的场面害怕吗？"

小Z捂着脸说："好吓人啊！"

我有些明白了。小Z看完电视剧就睡觉，那些充满血腥的画面停留在脑中。因为看完电视，大脑皮层还很兴奋，入睡以后做梦就不足为怪了。这就是噩梦的来源，可惜小Z年龄小，对于血腥的画面还没有心理承受力，因此非常害怕这种梦。

我又仔细看了看卧室，偌大的窗户没有挂窗帘。设想一下：当小Z半夜从噩梦中醒来，睁开眼睛一看，窗外光线朦胧，大树一团团茂密的枝叶在风中摇曳，变幻出一个个黑影，不是更令人害怕吗？

小Z的噩梦之谜终于揭晓了，我一下子轻松了：知道它的来源就一定有办法制止它。

我笑着对小Z和她妈妈讲了我的推测，然后对小Z说："以后别看那些恐怖片了。"我强烈建议小Z妈妈把电视机搬离这间卧室（因为二年级学生的自控力还不是那么强），也让小Z妈妈给窗户挂一个厚一点的窗帘。

我又对小Z说："你先别在这间卧室睡了。先跟老师到学校睡几晚。等你妈妈做好窗帘再回家睡，好吗？"

当年的我，一个年轻女教师在学校宿舍住，离小Z家也不远。得益于班里学生对我的喜欢和信赖，小Z非常愉快地答应了。

接下来的几天，每晚吃完饭洗完澡，小Z妈妈就把小Z送到学校。小Z和我躺在床上聊会儿天，就呼呼地睡着了。脱离了做噩梦的地方，小Z每晚睡得都很踏实。

几天后，小Z家的窗帘挂上了，电视机也搬离了卧室。我再次到小Z家，对她说："这下你不会再做噩梦了，敢不敢回家和姐姐睡呀？"小Z充满信心地说："我不怕了。"第二天早上，小Z来上学，我仔细询问了她晚上睡觉的情况，小Z很高兴地说："谭老师，我昨晚睡得好舒服，一个梦也没有做！"

其实，能成功地解决这个问题，我个人幼年的经历也帮了一个大忙。父亲常年在外地一家医院工作，弟弟妹妹还小，母亲带着我们姐弟三个一起在农村生活。从五岁起，父母就让我独自睡一间卧室，这间卧室不仅与父母的卧室中间隔着一间大堂屋，而且屋顶梁柱上放着奶奶的寿材。寿材是预备奶奶百年之后土葬用的木头棺材。那时卧室的窗户上也没有挂窗帘。窗外树影婆娑，有月光的时候，就是一幅美妙的图画。但是，当暴风雨来临，电闪雷鸣的时候，树枝在惨白的闪电中就露出狰狞的面孔，特别是贼亮贼亮的闪电一瞬间照亮屋子，屋顶梁柱上黑黑的寿材显得更加恐怖。接着又是震耳欲聋的雷声响起，仿佛就在身边炸响，我的恐惧无以复加。我经常被吓醒，害怕得整夜都不敢入睡。好在多雨的江南，一年之中这样雷雨交加的日子只在春夏之交。

渐渐地，我长大了，心理承受能力也增强了许多。所以，当了解到小Z整夜做噩梦的时候，我感同身受，结合自身的经历来体会她的心理，才能成功地解决这个问题。

教师应当是一股春风，掠过萧瑟的地面，唤醒沉睡的种子勇敢地冲破泥土的阻碍，奔向光明的世界；教师也应当像一泓清泉，流过干涸的土地，滋养万物，笑看勃勃生机；教师不妨是一位智者，拿起手中的魔棒，点化生命，激发出生命欣然怒放的状态。

2017年2月5日

出走的背后

　　"校长，小C又冲出教室了！我找遍了学校周围也不见他，要是出了什么事怎么办呢？"年轻的黄老师急得快要哭了。我赶紧放下手中的工作，拍拍黄老师的肩，安慰她："别着急，不会出事的。他一定是到上几次那个地方躲起来了。你讲讲刚才他冲出教室前发生的事情。"原来，在教室上课时，小C不遵守纪律，老师批评了他几句，他一下子就冲出了教室，等老师安排好其他学生再去找他时，他就不知去向了。

　　"校长，我已经非常注意他的情绪了，那几次他回来后我都找他谈心，平时也在班里多表扬他，可是不知怎么又发生这样的事。"

　　"可能另有原因，只是我们还不知道。别急，我去找找看。"

　　我走出教学楼，心想："既然那么快就不见了，说明他根本就没走多远，说不定就在校园的哪个角落。"我边猜想边朝教学楼两侧走去。果然，小C在那儿蹲着玩石子。我轻轻地走过去，叫了他一声，看着他的眼睛说："你很难受吧？"他点点头，眼泪唰地流下来了。我扶起他说："到办公室告诉我事情的经过好吗？"他不声不响地跟着我走进了办公室。

　　我叫小C坐下来，倒了一杯水给他，坐在他身边与他聊起来。

　　"黄老师觉得你最近有进步，跟我讲了好几次，而且你挺善良的，我很喜欢你。能告诉我，刚才是老师的批评让你难受吗？"

　　"有一些是。"

　　"还有一些别的原因吗？"

　　"是。"

　　"能告诉我吗？我可以替你保密。"

　　"是因为小超欺负我。"

"他经常欺负你吗？"

"是。从我二年级转学来后，他就欺负我，他总叫我外号。刚才下课又这样。"

"你给老师讲了吗？"

"告诉了。"

"老师怎么处理了？"

"批评小超了。"

"你是不是因为这个，所以不喜欢这个班？"

"是。"

"你告诉爸爸妈妈了吗？"

"告诉了，但是爸爸没理我，他一直打电脑。"

"哦。你转学来之前在哪里？"

"在湖南。我一直跟奶奶在一起。"

"现在还很想她吗？"

"是。"小C低下了头，眼睛里蓄满了眼泪。

……

这孩子因为父母出来打工，出生后没多久一直由奶奶带着，与奶奶的感情特别深，九岁时接到父母身边生活，但是仍然特别想念奶奶。这种对奶奶的依恋，使他不适应在父母身边的生活，加上在班级里有同学欺负他，感觉不到班级的温暖，就经常在遇到一些不如意的事情时，产生逃离现在的环境的念头和行为。

我意识到小C的亲情心理依恋和心理联结出了问题。在心理学上，儿童（尤其是幼儿）对父母或养育者的心理依恋和心理上的联结关系叫作亲情心理依恋和心理联结。亲情心理依恋和心理联结涉及一个人一生心理成长的核心：心理安全感、自信心、对他人的信任或恐惧、性格的开放或封闭、进取心、人格的健康或病态等一系列心态的健康或负面的情绪。

许多心理学大师都重点研究过儿童或幼小动物对父母或养育者的心理依恋和心理联结。研究结果表明，如果这种心理上的情感联结出了问题，儿童最初的反应是抗议，即哭闹，然后是绝望心理，包括不进食等，接下来是恐惧，如怕一个人独处、怕黑暗、怕生人、怕生活规律有任何改变、怕与人交往等。如果上述问题没能得到及时纠正，焦虑感、忧郁感、对他人的不信任、对外部世界的负面看法甚至敌意、无自信心就可能进入人格的核心部分。这样的孩子长大了，会呈现出许多心理障碍、行为问题或情绪问题，以及不能正确理解他人的意思和不能恰当处理人际、男女、婚姻、家庭关系。

从心理学上看，只有心理依恋和心理联结这两个方面健康发展，儿童的心理安全感和自信心才能建立起来，才可能成长为一个心理、行为和身体健康的人，将来才会有自信心去拼搏，才会成长为一个有独立精神、有主见的人，才会有较好的人与人之间交流的技巧。

得知小C离校（家）出走的原因后，我告诉他处理想念奶奶与现在生活学习的方法，又了解到他在班级里最喜欢的同学的名字，找来班主任，把所有的情况及内在原因讲了一下，让她调整一下座位，让小C和他最喜欢的同学坐在一起，同时要她找小超同学谈话，告诉他恶作剧的严重后果，督促他也来关心小C。下午放学，趁小C爸爸来校接孩子的机会我与他进行了交流，希望他今后重视孩子发出的求助信号，多创造机会让小C与奶奶交流。

随后的几天，我看到小C下课、放学都到办公室门前羞涩地笑着与我打招呼，班主任反映他在班级里和同学相处得很好，也再没有从学校和家里出走了。

这是一个真实的案例。因为真实，所以值得我们教师和家长深思。每一个孩子不寻常的行为后面都有一段不寻常的往事。静静地听一听他们的倾诉，弯下腰平等地与他们交流，深入他们的内心世界，用爱心去照亮那缺少阳光的角落，安全感和自信心会回到他们心中，他们才会健康快乐地成长。

此文发表于2005年第12期《广东教育》，2005年12月25日

家长与孩子的沟通方式影响学生心理

2006年，学校购买了上海一家有名机构的心理测试软件，全部配备在电脑室里。装好之后，全校学生分班进行了心理测试。测试结果显示，五年级一个男生小W在人际交往方面有些问题。小W长得非常帅气，在学生中非常显眼。他是从乡镇小学转入我校的，跟随父亲在市里生活。母亲是一名乡村小学教师，带着他弟弟在乡村生活。班主任反映小W性格暴躁，与同学一言不合就拳脚相加，打人时根本不计后果。进一步了解得知，他在周记里记述了父亲告诉他的一件事：为了能全家团圆，不再分居两处，他母亲很想调往市区工作，但是找不到关系（其实市区有教师招聘考试），他们只好放弃。小W在学校或在家犯了错，父亲教育他的方式非常粗暴，非打即骂。粗暴的家庭教育方式逐渐使小W的心理扭曲了。

小W的心理问题要解决，其家长的家庭教育方式一定要改变，必须采用非暴力的沟通方式与自己的孩子进行良性沟通。如果学生从小耳濡目染的是一种暴力沟通方式，将来他也只会用这种方式与家人和周围人沟通，对他来说，是一种痛苦的延续，对别人而言，就会是一种不断的伤害。

我约见了小W的父亲，对小W在周记里讲述的事如实以告。

古语说："天下不如意事十之八九。"人生一帆风顺是少见的，历经坎坷才是常态。在孩子还没有形成全面看待社会的价值观、人生观，还不能辩证地看待社会、进行自我排解时，让他们看到社会阴暗的一面，并告知真相，对孩子来说是残酷的，会割裂他的心灵。面对孩子，我们大人能不能这样做：告知孩子社会有不公平的地方的同时，也输入正能量，告诉他们依然要保持正气。或许孩子能把不满的情绪转化为激励自己进取的动力。

我还与小W的父亲约法三章：教育孩子绝不可以用原来的方式。我列举了

95

家长与孩子良性沟通的一些方法，并且举了一些例子说明。同时要小W的父亲向小W道歉，以后要用耐心说服和讲道理的方式教育孩子。然后要小W做出保证：绝不用暴力解决同学之间的矛盾。

一年以后，全校再次进行心理测试，结果显示小W的人际交往没有问题了。

这颗"不定时炸弹"终于解除了。

"天涯论坛"早年有一篇文章给我的印象很深。文中讲述了一个参加某市公务员考试的大学毕业生说的一段话："假如招考的三百人中有一半是走后门的，那我也要努力成为另外的一百五十人之一。"正直是社会的脊梁，拥有昂扬的正能量，我很欣赏。

在社会中，学生是弱势群体。社会纷繁复杂，面对来自不同家庭的学生，作为教师，就要在他们受到伤害时挺身而出，为他们代言，为他们争取权利。

2007年6月10日

严重失眠的三年级女生

2006年下半年，我任教三年级（1）班的语文。

三年级学生是小学阶段最特殊的，他们适应了学校环境，不会像一、二年级学生那样胆小、谨慎、拘束，他们学会调皮了，很熟稔的样子，而且通过两年和同学的相处，基本上找到了自己最喜欢的同学、最亲密的伙伴。三年级是学生变化最快的一个时期。

连续几天，我看见小H两只眼睛黑眼圈非常严重，像熊猫眼一样，没有三年级学生那种常见的无忧无虑的神情。小H已经上了两年学，应该适应了学校生活，怎么会晚上睡不好呢？再说她的家庭非常和睦，实在令人费解。

看着小H硬撑着听课的样子，我下课赶紧找她聊天，问她是不是晚上没有睡好。一开始她支支吾吾，我只好一个一个地猜原因，她都摇头否认了。我觉得更奇怪了，拉着她的手说："晚上睡不好，上课就没有精神。你看其他同学，休息得好，人也长得漂亮。可是你都有黑眼圈了。要是告诉老师，可能老师能帮到你。你愿意告诉老师吗？"

小H说："老师，晚上我很害怕。"

"是因为自己一个人睡吗？"

"是。"

"是一直都很害怕吗？"

"是今年。"

"哦。那你怕什么？"

"外公去世了，我害怕。"

"外公去世，为什么害怕呢？觉得外公不喜欢你吗？"

"不是。外公很喜欢我。他去世的时候，我看到他的样子了，很恐怖。每天晚上睡的时候，眼前都会出现他的样子，我就害怕极了。"

"哦，原来是这样。"

怎样向低年级孩子描绘死亡？让他们了解和接受死亡的现象，而不是恐惧与害怕？

我给小H打了一个比方。

"人衰老了，就会死亡，就像一片树叶枯黄了，没有了生机，就会飘落到地上一样。那些枯黄的叶子和树上碧绿的叶子不一样，我们看到了，也不会害怕，是不是？人也是一样的，老了，死亡了，不能说话，也不能动，只是生命消失了。所以，你不用害怕。"

"你妈妈知道你害怕吗？"

"妈妈想念外公，经常哭。所以我没有告诉她。"

好善解人意的孩子啊。

"小H，你真是好孩子，那么心疼妈妈。但是这件事情太重要了，不告诉妈妈不行。老师来告诉她，好吗？"

"好。"

于是，我把事情告诉了小H的班主任，让她赶紧通知家长到学校来一趟。

小H妈妈获知情况，一边流泪，一边责怪自己太粗心。为了消除小H的恐惧，我们要求她妈妈近段时间陪她睡觉，有时间跟她一起回忆外公和她相处的美好时光，告诉她，外公喜欢她，一定会在天上保佑她、祝福她。

在那一段时间里，我们也密切关注小H的情况。大概一个月，我又找小H谈话，她的睡眠状态回归正常了，在学校的学习生活良好，又像以前一样活泼开朗了。

谈到教育，我们经常看到一句名言："一切为了孩子，为了孩子的一切。"深入教育实践当中，我们会发现学生成绩不好、品德不良，背后都隐藏着心结。细心地发现他们的异常，找到他们的心结，想办法帮他们打开心结，他们才能像健康的小树一样舒枝展叶，在阳光中欢笑。

2008年12月7日

关注小学生的心理健康

那些发生在校园的真实案例，使我们深深地意识到：小学生中也会有心理健康的问题。如果我们把小学生心理健康的问题归结为其他方面，就会延误救助的时间。在亲身经历的真实案例中，非常感谢工作细致的班主任和任课教师，因为他们密切地关注学生，才了解他们的痛苦。"因为懂得，所以慈悲。"讲出帮助他们走出困境的故事，是为了提醒所有的家长和小学教师：请重视小学生的心理健康。

我曾经参加华南师范大学心理系教授组织的培训，聆听他们的讲座。感谢教授们传授的知识和方法，在解决教育实践中遇到的相关问题时，使当事的学生得到及时的救助，也使我获得处理相关问题的经验。

在湛江市教育局和市中小学心理健康教育指导中心众多领导、老师的指导下，2006年，我参加了"广东省中小学心理健康教育团体辅导课"现场比赛并荣获二等奖。2007年，我非常荣幸地被评为"广东省中小学心理健康教育优秀教师"。

2007年，我校被评为"广东省中小学心理健康教育先进单位"，作为湛江市小学唯一的心理健康教育先进单位，在省教育厅出版的《广东省中小学心理健康先进单位巡展》刊物上刊登事迹介绍。

我任教的湛江经济技术开发区第一小学是广东省中小学心理健康教育示范学校，也是湛江市唯一一所通过复评的示范小学。2008年6月，我们接受复评时，省检查组专家看了我们翔实的调查统计、跟踪辅导材料后说："你们在小学生心理健康教育方面做了很踏实的工作。"

2008年12月，我在湛江市中小学心理健康教育现场会上做了经验介绍。介绍完毕，市教育局一位领导说："我们最感兴趣的是你介绍的几个成功案例，那些特殊的孩子得救了。"

学生在成长过程中难免会遇到这样或那样的问题，不及时疏导和解决，就会使他们的心理蒙上阴影，甚至会在升入高一级的学校和他们长大以后爆发，酿成悲剧，甚至给社会带来灾难。认真扎实地做好小学生的心理健康教育，呵护他们的心灵，完善他们的人格，使学生健康快乐地成长，是一件多么有意义的事啊！我愿意成为小学生健康快乐的守护神。

让我们对学生的爱更深入一些，更细致一些，更专业一些，及早发现小学生心理健康存在的问题，帮助他们尽早解决心理问题，阳光和温暖就能早一点抚慰他们脆弱的心灵，使他们健康成长。

2019年7月18日

呵护心灵　完善人格　为学生心理健康成长服务

2002年，湛江经济技术开发区第一小学被广东省心理健康教育指导中心授予心理健康教育示范学校。在这几年的实践工作中，学校得到上级专家和市教育局领导的关怀与指导，经过全体师生的共同努力，学校的心理健康教育抓出了特色，取得了一定成效。总结几年来心理健康教育工作，主要有以下几个方面。

一、以人为本，实施赏识教育，营造和谐民主的成长环境

学校营造爱的氛围，对学生爱得有智慧、有原则、有方法，学生就能在爱中快乐成长、健康成长。基于此理念，学校实施赏识教育。为让教师拥有新的教育理念，每年的每个假期，每一位教师都要读教育专家名作，如魏书生的《班主任工作漫谈》、周弘的《教你如何赏识孩子》、李镇西的《爱心与教育》、肖川的《教育的理想和信念》、王宏甲的《中国新教育风暴》等。有了新理念，学校再推行"微笑、尊重、民主、宽容"进课堂，坚持减轻学生过重的作业负担，不以学生的考试成绩作为评价学生的唯一方法，学生在学校学习生活中得到赏识，增强自信心，逐渐学会正确地认识自己、发挥长处。

学校成立了心理健康领导小组，校长亲自抓，定期召开会议，与小组成员制订心理健康教育计划，将心理健康教育在学校德育工作中加以统筹安排。学校非常重视教师的培训工作，主管领导和主要负责的教师参加了广东省心理健康指导中心B证培训，所有教师参加了市心理健康教育C证培训。学校同时外聘专职心理健康教师。

二、抓住教学主课堂，建设心理咨询阵地，实施全员与个体结合的心理健康教育

课堂教学是学校教育的主阵地，心理健康教育最主要的任务是教育绝大多数学生懂得保持心理健康的重要方法。按照要求，学校开设了心理健康教育课，特别注重心理健康教育课的教学设计与实施。

班主任每天面对学生，和学生接触最多，对学生心理健康的维护和培养起着重要作用。因此，我校始终注重引导班主任教师通过学习，不断优化自己的教育行为，时刻关注学生。班主任以班级为单位，针对学生的实际情况开设心理健康教育知识讲座，利用班队会进行团体心理辅导活动，这种团体辅导活动坚持以学生活动为主，做到主题鲜明，重点突出，形式活泼。

学校的大队辅导员和心理健康主要负责教师既是学生的知心姐姐，又是学生自我教育成长活动的组织者。少先队和辅导员利用红领巾广播站进行心理健康教育的宣传，组织学生办心理手抄报和定期收听湛江市教育局与湛江广播电台联合开办的《中小学生心理导航》节目，取得了很好的实效。

我校建立知心姐姐信箱——与心理辅导老师说悄悄话，帮助学生解答心理上的各种困惑。学生的每一封来信，心理辅导老师都要及时回信。在来信中，若发现有重大问题，心理辅导老师与班主任、校领导一同努力，配合家长，共同做好学生工作，及时为他们的心理导航。对一些有情绪障碍、行为有偏差以及学习和适应能力有困难的学生，各班设立个别学生追踪观察档案和班主任信箱，预防和消除各种异常行为的发生。

学校设立了充满温馨和情趣的心理辅导室与配备齐全的办公室，建立了学生心理档案材料。学校会定期对学生进行问卷调查，统计后，学校心理健康领导小组的同志一起共同分析问题，研究方法，作为学校大事通报全校。全校教师团结协作，共同实施心理健康教育。

几年中，我们成功地解决了一个声称要轻生的六年级男生的问题，一个在日记中提到要轻生的五年级女生的问题，一个看到亲人去世面容、连续两个月恐惧失眠的三年级女学生的问题，一个思想偏激、行为过激、难与同学相处的五年级男生的问题以及一些沉迷网络的学生的问题。

三、重视课题研究，促进心理健康教育的理论指导与实践工作

1992年9月，我校开展了"小学生良好行为习惯养成教育"实验。1998年该实验成果获全国心理学会学校心理专业委员会首届优秀成果三等奖。1999年，"以良好习惯养成为突破口，探索素质教育的新途径"荣获广东省教育科研成果二等奖。2004年2月，学校参加了全国教育科学"十五"规划重点课题（DIA030167）的子课题研究和实验，其中一部分就是研究教师教学理念转变与学生心理相适应的问题。2006年12月，该课题获得湛江市第二届普教成果一等奖。

认真扎实地做好学校心理健康教育工作，实实在在地为学生心理健康服务是我校开展心理健康活动的宗旨。我校虽取得了一定的成绩，但今后我们将更加努力，把小学的心理健康工作做得更好。

此文是广东省教育厅主办的《广东省中小学心理健康先进单位巡展》经验介绍材料，2007年4月

一把钥匙开一把心锁

班级就像一片小树林，里面栽种的是不同品种的植物。植物有的喜光，就要给予充足的阳光；有的喜阴，就要给它一片阴凉；有的喜水，就必须大量浇水；有的喜旱，就必须保持干燥。班上的孩子就像一个自然群落，他们的个性不同，千差万别。

每个孩子在成长过程当中，总是有由各种不同的纠结羁绊形成的不同的心锁，我们只有找到对应的钥匙才能打开。有人说："我有一把万能钥匙，可以打开所有孩子的心锁，那就是爱。"是的，爱非常重要，但是光有爱，远远不够。"爱"只是制造所有"钥匙"的原材料。你得找到孩子的心结在哪，琢磨用不同的办法来解决。这就仿佛是制造与锁对应的齿孔，为每个孩子制作独一无二的"钥匙"，试着去开，开不了还得再琢磨，直到打开禁锢孩子的"心锁"，才算成功。可能有的孩子身上不止一把锁，得琢磨着，制造出几把钥匙，帮助他打开所有的"心锁"，他才能健康成长起来。

就说今年春天接手的班级吧，种种特殊原因造成学生的情况千差万别。

上课时，发现小A总是眉头紧锁，嘴角下撇，下课也总是坐在座位上，不和同学玩耍说笑。这孩子心事很重，好像随时都会哭出来。一天下午，我找他谈话。他眼圈一下子就红了："爸爸妈妈闹离婚，整天吵架，一吵架就摔东西。我好怕好怕。"

唉！我一声长叹。如今，大人个个追求幸福，全国离婚率居高不下，有多少孩子正经历着这样的痛苦。

我拉着他的手说："爸爸妈妈闹离婚，那是他们大人的事，你管不了，老师也管不了。他们可能会和好，也可能会分开。不管怎样，你都是他们的孩子，他们一定会爱你的。

"目前，你管好自己，每天按时作息，按时完成作业，多阅读课外书。十年以后，你考上大学，就能自己养活自己了。你现在就是要快点多学本领。你头脑聪明，一学就会，肯定能成为一个优秀生。老师喜欢你！"

与孩子的谈话结束了，家长那边的工作也要做。不创设一个平静的环境，孩子总是忐忑不安地生活在恐惧当中。孩子这么小，是弱势群体，老师得替他们争取一个安全的生存环境。于是，我分别打电话给小A的父母，告诉他们目前小A的痛苦，明确地跟他们说："大人之间有矛盾可以理解，但是不能当着孩子的面吵架、打架、摔东西。请你们给孩子一个安静的成长环境。"另外，我给了小A父母一个任务，每天要拥抱小A，每天对他说："爸爸（妈妈）很爱你！"因为小A总是担心父母离婚后会抛弃他。孩子要的安全感其实很简单，但是非常重要。

这次谈话还是有些作用吧。小A比以前活跃多了，上课也大胆发言，我安排他担任语文小组长，他每天都积极地帮我收作业、搬作业、发作业。这样，我和他接触的机会增多，他能每天看到老师的笑脸，得到鼓励，而我也能每天观察他的神情，做出分析判断，采取相应的教育措施。

2017年5月9日

他终于不再打人

"阿卓又打人了！"一声声急促的喊叫传来，紧接着是班主任快速的脚步声和严厉的批评。这个阿卓，早就全校闻名，这又犯老毛病了。他为什么老是打人？更深层的原因是什么？我命令自己冷静下来，以少先队辅导员的身份把阿卓请进办公室，叫他坐下来："你为什么打人？""他先骂我。"果然是老一套的理由，再问下去毫无意义，我马上改变策略："请你在这好好想一想你哪里错了，回头告诉我。"说完后我去了四年级办公室，找到了阿卓的班主任、科任教师，从他们的话里，我快速地整理信息：阿卓从上幼儿园起就打同学了；他妈妈是个不讲理的人，曾在学校调解时差点与被打同学的家长打起来；平时他爸妈对待阿卓非打即骂，有一次阿卓对他们说："你打我，我就去打同学！"他真的就这样做了。

思考良久，我决定以法律为切入点教育阿卓。我对阿卓说："你知道打人在法律上要受惩罚吗？"见他摇摇头，我笑着说："老师今天带你参观派出所，请民警叔叔告诉我们一些法律知识。你放心，海滨派出所是我们学校的共建单位，警察叔叔和我们很熟，肯定对我们好。你相信我吗？"见他点点头，我放心了。派出所的同志听了我介绍的情况，和蔼地摸着阿卓的头告诉他，打人犯法，情况严重的要进少年管教所，年龄大些要判刑，甚至要枪毙。民警同志拉着阿卓的手，带着他参观了拘留室，告诉他，一旦进去就不能出来玩，不能见老师、同学，每天只能待在那儿，还要爸爸妈妈送饭吃。最后民警拍拍他的肩膀说："你可不能再打人噢！"

回来的路上，我对阿卓说："你现在整天打人，老师批评、同学不喜欢、家长打骂，这日子难道是你想过的吗？要是你不打了，同学喜欢你，老师也表扬你有进步，家长也不会打骂你，那多好！如果你每天在班里做一件好事，每天都会得到表扬的。"

回到学校，我在卡片上写了三句话送给阿卓，并且让他背熟。"1.扪人犯法；2.每天为同学做一件好事；3.学会制怒，别人骂你打你时，你赶紧走开。"我又带着阿卓去他们班级跟同学们讲，让同学们睁大眼睛看他的进步，他做了好事要马上报告老师，让老师表扬他。

一天过去了，阿卓没有打人，替同学倒了一次垃圾；两天过去了，他没打人，帮忙擦了一次黑板；一个星期过去了，他也没打人，得了三次表扬；两个星期过去了，也没有打人。老师、同学和家长都看到阿卓脸上带着笑，不再是凶巴巴的了。

此文发表于2005年第5期《广东教育》，2005年1月23日

孩子，你得靠自己！

清晨，上教学楼，又看到那位白发苍苍的老人用力地向上推着胖孙子。孙子有一百多斤吧，身体残疾，一步一瘸地向上挪着脚。老人显然没有太大力气了。四年来，每天四趟接送孙子上学放学，使他心力交瘁。我一边上前扶着孩子的手上楼，一边说："孩子，你爷爷已经老了，你得靠自己呀！"趁着他俩停下喘气的工夫，我说："你看四年级的紫琪和你一样。一年级时，每天由她爸爸背着上下楼梯。后来，她自己锻炼，二年级时每天都是自己抓着扶手上下楼梯，三年级春游和秋游，她都参加了。能够自由活动多好啊！你通过锻炼，也能做到！"

爷爷和孙子吃惊地看着我，似乎不敢相信紫琪创造的奇迹。这时经过的英语老师说："真是这样！她真的好棒！"

"现在二年级的小Y同学和你一样。但是她每天锻炼。别的同学去做大课间活动，她就在教室里练习踏步。腿脚越锻炼越有力。"

"孩子，你现在四年级了，越来越高，越来越重，爷爷年龄也越来越大，力气不够了。你得靠自己呀！"

孩子得了疾病，造成残疾，家长该多心疼啊！

看到别的孩子每天快快乐乐地参加活动，自由自在地跑跑跳跳，孩子心里该有多羡慕、多自卑、多难受啊！

今年接的二年级班级，小Y也是这种情况。

大约是类风湿疾病吧，小Y四肢肢端肥大、变形，骨节突出。平时总是爷爷背着上楼，放在椅子上坐下。下课除了由同学扶着去上厕所，其余时间都是坐在座位上。有时上台领奖，也是同桌扶着登上讲台，领完奖，又由同桌扶下讲台回到座位上。

孩子终究是要长大独立生活的，残疾的孩子更应该重视自理能力的培养。因为残疾，家长会更加怜爱，给予的照顾更多。如果意识不到，不经意间就减少了训练他们独立生活的能力。在这种情况下，孩子更加自怜，身体和精神成长的速度不知不觉就减缓下来了。

每当大课间活动来临，我就督促小Y："来，我们来踏步！""尽量抬高手脚，用力向下踏。""昨天踏步三分钟，今天更多一点！"

"加油！小Y！你看，你现在腿脚多有力呀！"

"再坚持一下，你很快可以自己走路了！"

"想不想和同学们一起到操场上去玩？加油！再坚持一会儿！"

课前，我会把小Y积极锻炼身体的事情告诉全班学生，并奖励她，给她拍获奖照片，发送到班级家长交流群里。其他学生也会从小Y身上得到鼓励。他们从关注她的残疾慢慢转移到关注她的努力：小Y坚持锻炼身体，她上课大声回答问题，她不断进步，取得好的成绩。

育人重点在育心，就是要培养孩子坚强、勇敢、自立、自强。

《大学》里讲"知止而后有定"。这个"止"就是目标的意思。学生在老师的引导下，知道自己的小目标，一步步努力去实现它，这个过程是令人兴奋的。达到小目标后，学生会感受到自己的力量，能进一步增强他们朝着下一个目标不断努力的信心和毅力。

这几天，小Y锻炼身体养成了很好的习惯。大课间活动铃声一响，她就马上站起来，等其他同学排队走了，她马上一歪一扭地快速走到讲台前，看着墙上的大钟使劲踏步。

我见她比前几天更热衷于锻炼，就走过去与她聊天。她非常高兴地说："妈妈说我锻炼好身体，今年暑假带我去旅游。"我一下子明白了她妈妈的苦心。在班级家长交流群里，她妈妈看到小Y锻炼的视频，非常激动，她明白了老师的苦心，也正配合着老师的教育。

给她一个目标，给她描绘一个美好的愿景，小Y就这样充满着期待！

多好！

两个多月时间，以前小Y从每天要爷爷背上背下变成自己主动扶着楼梯扶手上下楼，再到每天在教室里原地大踏步锻炼身体，变化多大啊！她的心里充满了信心。每天的锻炼加强了她腿部肌肉的力量，她更加渴望能自由地活动。

最好的教育是什么？卢梭在《爱弥儿》里说："学生看不到教育的发生，却实实在在地影响着他们的心灵，帮助他们发挥了潜能。这才是天底下最好的教育。"愿每一个学生都能享受到最好的教育。

2016年10月16日

心灵的成长

有时候命运真是折磨人。残疾的小Y本来被激发了生活的信心，自我锻炼，积极向上，不料二年级第二学期的一天，爷爷送她上学时发生了小车祸，她的腿被摩托车撞了一下，骨折了。在医院躺了近半个月，在家又休养了两个半月，终于可以上学了，但她完全变了一个人，以为自己不能再走路，放学后一定要爷爷到教室背她下楼回家；原本可以自己上厕所，现在必须由同学扶着去。我找她爷爷谈话：她的腿已经愈合了，必须让她锻炼，不能还用对待病人的态度去迁就她，否则她一直认为自己病着。不锻炼，肌肉会逐渐萎缩，对她将来不利。于是，小Y爷爷让她自己慢慢走。可是，她每次又哭又发脾气，弄得爷爷和她每天上学、放学的时候都那么难受。

看样子，心结在小Y身上。我赶紧找小Y谈话："你的病已经好了。因为骨折的地方已经愈合了，和被撞前一模一样，医生才让你出院。你还记得以前每天锻炼快快乐乐的感觉吗？那样多好。我们要回到原来那种状况，每天高高兴兴的。"但是小Y冷冷地拒绝了和我一起锻炼的邀请。她依然沉浸在自我设定的"病痛"之中。

一次，小Y妈妈来接她放学。看到小Y妈妈那高高隆起的肚子，就知道她要生第三胎了，我更加为小Y担心。下课后，我和小Y聊天，她非常高兴地说："妈妈说弟弟出生后，就要我带他。"我能想象得出，第三胎出生后，他们一家七口人在狭窄的房子里拥挤忙碌的情形，那时根本不可能有人有时间来照顾小Y，她将更加失落。我一时找不到办法来劝解她，只感到自己的无能为力，眼睁睁地看着她沉湎于美好的想象中。

"告诉她将要面对的生活，让她在不久的将来面对真实的生活时有所准备。"可是，这会多么"残酷"。为了小Y的未来，我必须提早做这方面的工作。小Y听了我给她的分析，两三天的时间里，下课后她都是一个人坐在座位上发呆。"给她时间思考，等待她觉醒。"好在她父母和爷爷奶奶非常爱她。我打电话给她妈妈，让她宽慰小Y，让她爸爸趁第三个孩子还没出生，抽空来接小Y上下学，培养她自己扶着楼梯一步一步上下楼。两位家长配合得很好。看着小Y艰难地战胜自己，我每次都在旁边鼓励她："小Y，就这样做！你很棒！你能自己上下楼了！"

上课时，我给予她更多的关注。看到她哪一次写字速度跟上大家，总要及时表扬，奖励一个小本子。要是听写词语、默写古诗对了，我一定隆重地在班里表扬她。

下课了，我找她谈话："虽然你身体特殊一点，但是只要认真学习好知识，掌握一些技能，依然能够在未来养活自己。现在网络、电子商务发达，你将来可以在家里坐在电脑前从事这方面的工作。即使爸爸妈妈老了，你也可以靠自己赚钱生活。"

我送给她有关名人传记的书，她都看完了。

情况逐渐好转。

她的弟弟出生了。因为有心理准备，她没有因为全家忙碌顾不上她而失落、放弃自己。相反，她得到的表扬越来越多。每天放学，通过手表电话知道她父亲来接她了，她就开始自己下楼。听到我站在旁边表扬她，她会静静地站着，小脸仰着，朝我甜甜地笑。

三年级期末，语文全册词语竞赛，她和大多数孩子一样，在四十分钟里全部完成，而且破天荒地只错了两个。真不简单！如果你看到她变形的手艰难握笔的情形，会真心地佩服她！她不再自怨自艾，她能和别人一样。这份自信来得多么不容易！

这是一个三年级九岁女孩的经历。上天虽然对她不公，但是她依然能历经痛苦而茁壮成长。

真正的坚强不是含泪奔跑，而是微笑着面对苦难，平静地生活。

教师从事教育工作，其中一个重要的方面就是培育孩子的心灵成长。因为一个人内心强大了，就能超越苦难和挫折，看到日出日落都是美丽的风景。

2018年12月31日

唤醒孩子

三年级上册的一次单元考试作文，题目是《说说你高兴或伤心的事》。看完了小E的作文，我才知道他父母离婚后又各自再婚，他想念亲妈、讨厌后妈。而令我们吃惊的是：我们在二年级第二学期接手教他的时候，一直与老师密切联系、认真管教他的是后妈。因为他不完成作业、在校表现不好、打架说粗话，都是后妈教育他。他亲妈再婚后，就住在与学校一墙之隔的小区，却不见联系老师或看望孩子。

这个特殊的学生在作文里流露的满满的都是对后妈的仇恨，从没有意识到后妈对他的管教是对他深切的关心。他满怀恨意，对周围的人和事漠然视之，不知回报后妈对他的恩情。

上善攻心。

德国著名哲学家雅斯贝尔斯在他的《什么是教育》中写道："教育的本质意味着：一棵树摇动一棵树，一朵云推动一朵云，一个灵魂唤醒一个灵魂。"

对于小E来说，就是要把他从仇恨中唤醒，让他意识到爱，懂得感恩，他才能快乐。那么小父母就离婚，不能成长在和谐的家庭里，他是不幸的。但是人生漫漫，如果让仇恨伴随他整个人生，那太残忍了。记得意大利著名教育家亚米契斯说："一个人要学会感恩，对生命怀有一颗感恩的心，才能真正快乐。"如果通过我们的引导，他能学会感恩，他将会快乐起来，得到幸福，为他付出很多的后妈也会快慰。

我找他谈话，说："你的后妈是真正关心你啊。你观察一下，班里面有些同学成绩不好，上课不认真，他们的妈妈是不是严格管教他们，甚至有时候给他们讲道理还不起作用时，还会骂他们，甚至打他们？是亲妈才会这样做呀！你回想一下，一直以来跟老师联系、关心你身体、关心你学习、关心你思想的是不是你后妈？她这么关心你，还要受你的气，她得多委屈呀！为了让你进好学校学习，她把你从农村送到城市来上学，每月花几百元让你寄居在接送园，周末还要接你回一百多公里外的家，周一清早再送你来学校，她不辛苦吗？她经常联系接送园的老师了解你的学习生活情况，这不是像亲妈一样关心你吗？她要是知道她为你付出这么多，你还讨厌她，她多难受啊！你好好想一想，谁为你做了这么多实实在在的事？你要知道关心你的人才是最可贵的。千万不要让关心你的人失望！如果她不再关心你，你就真的孤单了。"

俗话说："聪明要人提醒。"小E是聪明的。我找他谈话过后几天，再找他聊天，问他还恨后妈吗，他摇摇头。扔掉了仇恨，扔掉了心上的"大石头"，小E上课学习时精力更集中了，单元考试破天荒地得了90多分。原来三言两语的作文也乐意反复修改，写得长长的。我期待着有一天他面带微笑充满感激地凝视他的后妈，内心充满快乐，真诚地说上一句："遇到您，我真幸运！"

唤醒孩子，就是要唤醒孩子的良知，使他们懂得对为他们付出的人感恩，丢掉"包袱"，勇敢地追求，成就自己的美丽人生。

2017年11月19日

快速治理乱班

提起乱班，学校领导、老师、学生都害怕。实际上，由于教师或学生原因，这个问题很难避免。治理好乱班，刻不容缓。作为一个教师，敢于接手乱班，本身就显示了莫大的勇气。而能否快速高效地治理好乱班，就需要各种知识和管理技巧。我曾经治理过不同学校的几个乱班，往往一个月之内就可以使班级风貌焕然一新、行为规范得到落实。主要采取了以下几招。

第一招：问卷调查，快速了解真实情况

班级乱的原因、形式、后果，新班主任应当花很少的时间完全了解。俗话说："群众的眼睛是雪亮的。"快速高效的办法就是问卷调查。怎么做调查呢？新班主任要认真考虑问卷的内容，这直接关系到治理的结果和效率。一般是想了解什么就调查什么。调查之前要注意三点：①采用统一的用纸；②要求学生如实反映情况；③任何学生都必须对自己所写的内容进行保密，不得在问卷上写姓名。这三点的目的是为了保护学生，也要跟学生强调这点。

问卷调查设立的问题一般有五个：

（1）班级中你最佩服谁？为什么？

（2）你认为班干部当中谁最合格？为什么？

（3）你认为班干部当中谁最不合格？为什么？

（4）你认为还有谁适合担任班干部？为什么？

（5）班级中最影响大家的是谁？他们是怎样影响大家的？

第二招：从民意出发，树立榜样

混乱的班级往往群龙无首，风气不正。树立看得见、摸得着的榜样非常重要。名人做榜样固然好，眼前的榜样却时时刻刻能学习。

问卷中的第一、二道题是为了了解班干部和学生中可以树立的榜样。得票多的学生往往在同学中"得人心"，威信高。当众宣布得票多的学生，逐条读出受同学佩服的原因，对受表扬的学生是一种莫大的鼓励，同时也为全班树立了非常好的榜样。新班主任还可以请这位学生上台，让他接受同学们长时间的掌声，再讲几句诚勉的话，树立榜样这个重要的工作就做到位了。

第三招：从不合格的班干部身上寻找突破口

班级为什么乱呢？没有公平，没有正义，就形不成班级共识，团队就涣散，自然就"乱"。

《孙子兵法》中有一招"擒贼先擒王"。从调查表上第三题反映的情况可以看出谁是最不合格的班干部。既然多数学生认为最不合格，众人不服，这样的班干部留之何用？！马上当众宣布撤职！为了使被撤职的学生心服口服，新班主任可让他看看同学们问卷上对他的意见，真正去触动他的心灵，促使他改正。

"头儿"抓住了，少了风暴中心，班级就能很快平静下来。其他的班干部会躬身自省，约束自己的行为。这就能起到"杀一儆百"的作用。

第四招：从最见成效的行为规范入手

一个班级良好班风的形成，一定是良好习惯的形成。遵守纪律、讲究卫生、勤奋学习、团结互助，这些都应当逐步落实。作为新班主任，为了提高自己的威信，一定要从最见成效的行为规范入手。讲究卫生、团结互助的落实特别易见成效。讲究卫生容易实施，新班主任把任务、要求讲明确，让学生自由组合完成任务。前几天跟踪检查、每天总结，很快能达到目的。团结互助如何实施呢？这就要新班主任随时实施"感恩"教育。哪位同学主动搞了一下卫生，请这位同学上讲台，让全班同学用掌声表扬他，然后全班同学起立大声对他说："谢谢！谢谢！""感恩"教育工作的到位要求新班主任要睁大眼睛仔细观察，随时捕捉主动服务班级、服务他人的行为，及时隆重地表扬。这个隆重不仅指表达上的隆重，也指仪式上的隆重，不痛不痒是达不到效果的。

第五招：及时处罚，把握分寸

心理学家曾做过一个著名的实验：为改变猴子偷吃香蕉的毛病，在香蕉串的下方放一块铁板，上面接通弱电流。猴子一动念头去偷香蕉，踩上铁板，就被电击。多次之后，猴子悟出道理：偷香蕉就会受惩戒。这时即使放猴子出来，路边摆满香蕉，猴子也不会拿了。这告诉我们，要改变一种恶习，就要在坏行为产生时及时批评。但是，批评一定要把握好分寸。

面对乱班，我们始终要坚信："办法总比困难多"。总的原则是挖掘、培植好的思想、行为、习惯，批评歪风邪气。真、善、美的行为得到弘扬，假、恶、丑自然无所遁形。

治理乱班的有效方法，期待我们从实际出发，不断研究学习，不断探索。

2008年5月18日

一次成功班会的深层思考

目前，德育方面的一个弱项就是学生道德情感的培养和体验。其实，道德情感在人的道德品质发展中具有重要意义。有了它，才有正确的道德认识；有了它，才产生自觉的道德行为；有了它，才能激发良好的道德动机。从某种角度说，德育的关键在一定程度上要看是否在情感上去感染、打动学生。因此，我们在确定三（1）班参加今年6月区教育局举办的"学会关心"主题班会比赛时，把让学生感受父母的关爱、激发学生热爱父母作为道德情感培养的切入点，把在道德情感上感染学生、打动学生作为追求的目标。

教育学生热爱父母是一个老生常谈的话题，设计什么环节才能达到学生道德情感的培养目的呢？在班会中，我设计了以下几个环节。

一、树立典型榜样，引导情感体验

世界著名的早期教育专家、日本的铃木镇一先生培养了许多幼儿天才小提琴家。他的一个重要方法就是哪怕最简单的曲子也请水平极高的小提琴家演奏后录音，让幼儿反复聆听。这种做法的目的是培养幼儿高层次的鉴赏力，为日后成为高水平的演奏家打基础。铃木先生的做法给我们以很大启发。在教育学生孝敬父母方面，我们也应该找出新时代的典型榜样来引导学生的道德情感。我们选择了获奖电影《背起父亲上学》。这个影片讲述了一个真实的故事：贫困山村的石娃从小失去母亲，父亲因劳累过度而瘫痪。后来，石娃考上了城里的师范大学，为了照顾好父亲，他毅然背起父亲去上学。怎么运用好这部影片达到感人的效果呢？我们首先让学生观看这部影片，让学生回忆感人的镜头，然后按照学生的理解水平剪辑了三个镜头：①小时候，父亲背石娃过河上学；②为了不拖累石娃上学，父亲投井自杀；③石娃背起父亲蹚过小河去上学。当开始播放配上解说的电影剪辑时，学生们就被石娃孝敬父母的崇高品德再一次震撼，被那浓浓的父子情深深感动。

二、利用教育资源，确立道德情感激发点

世界上最伟大的莫过于天下千千万万的父母。考虑到学生的年龄都在十岁左右，我们想：与其让老师或个别学生谈父母如何爱孩子，不如充分利用教育资源让家长现身说法效果更佳。我们请了两位家长发言。第一位家长谈教育孩子做事不应要钱时，讲述了提供给孩子免费的成长项目：穿衣、吃饭、受教育、无微不至的照顾、情感的付出。第二位家长一上台就让记得自己生日和父母生日的学生举手，对比人数之后，详细叙述了每一位母亲从怀胎十月到生下小孩所经受的痛苦。学生们听后对父母的艰辛有了深刻的认识。这位家长最后请学生记住母亲的生日并在这一天送上一句感谢的话。经过这样的教育，学生怎么会不感激父母呢？

三、回归现实，选择恰当的情感抒发点

在以上看影片、听发言两个主要环节之后，我们又安排了让学生谈自己感受到的父母之爱作为情感的抒发点。由于现场来了几十位家长，学生们的情感被激发了，家长的情感也被激发了，相互感染、相互影响，产生了共同的情感体验，许多学生和家长、老师、评委被感动得热泪盈眶。

四、由点及面，确定道德情感的扩展点

之后，我们安排了两个学生小品作为道德情感的扩展点，引导学生学会关心，回报社会。一个是《我也需要别人的帮助》，另一个是童话剧《迷路的小鸭子》。

这个主题班会因为摒弃了一味说教的陈旧做法，改变了那种没有实效的花架子，以情载理，以理激情，真实感人，获得区一等奖。这个主题班会的几个环节非常平凡，花钱也少，效果却非常好。而且，每个学校都能运用在学生道德情感培养方面，值得推广。

此文发表于2001年《湛江教育》，2001年5月12日

谢谢你给我锻炼的机会

　　一位老师带着学生去农村看望手拉手的朋友。天气非常闷热，乡村的路是那么崎岖遥远，学生叫苦不迭，甚至有人打起了退堂鼓。带队的老师安排学生在太阳底下站好，说："同学们，其实这是老天爷特地来锻炼我们的。它是想看看哪些学生经得起考验。来，我们好好感谢老天爷好吗？"学生们冲着太阳，大声喊："老天爷，谢谢你给我们锻炼的机会！我们一定坚持住！"几遍喊下来，响亮的声音激发了学生的热情，没有了牢骚生气，学生们的心情平静多了，天气似乎也没有那么热了。

　　没过多久，一阵闷雷过后，下起了倾盆大雨。雨后的道路变得泥泞不堪。城市的孩子哪里走过这样的路，骂雨、骂路、骂天气，有些学生竟哭起来了。老师又一次叫学生原地站稳，说："同学们，你看，老天爷又锻炼我们来了。让我们停下来再次感谢老天爷，好不好？等会儿我们比一比，看谁在泥路上走得最稳当。"于是，所有的学生站在泥泞中，一遍又一遍地大喊："老天爷，谢谢你给我们锻炼的机会！"接下来的泥路竞走比赛中，学生们没有怨言了，大家边走边总结经验，一路上充满了欢声笑语。

　　这是一道别样的风景线。面对困难，坚强不是内心真正的快乐。一份平和宁静的心态，改变着我们看待社会、看待世界的眼光。

　　好一句"老天爷，谢谢你给我们锻炼的机会"。感谢生活提供锻炼自己的机会，就拥有了平和冷静的心态，就会产生奇妙的效果。道德成效从小事中获得，在实践中检验。教育的智慧往往蕴藏在简朴的话语里。

2004年4月11日

相信孩子是懂道理的

点化学生，就是要解开他们心中板结的"泥土"，让"养分"渗进去，促使"种子"发芽长大。谁说低年级的学生还小还不懂道理呢？他们早就能明白事理了。如果你点化及时，他们会更早明白事理。

记得刚参加工作，我在湖南一个县城城关镇的一所农村学校任教。许多孩子的家长文化程度不高，生活压力大，没有多少时间来陪伴孩子、指导孩子的学习。有一位湖南第一师范毕业的老教师在临近退休时调来我校，担任学前班的班主任。每当有学生打架或不文明行为时，她都会把学生叫到办公室，和他们讲道理，一讲就是十几、二十分钟。其他从教多年的老师总会说："徐老师，学生才五六岁，哪里会听得明白那么多道理？一百句好话顶不上一'马棒'。"徐老师总是说："低年级学生是能听懂道理的。多讲，他们就明白了。不需要'马棒'。"

徐翠英老师从湖南省第一师范毕业后，就一直在农村任教，后来担任望城区某镇的中心小学校长，被评为全国优秀教师。她的这种风范给我的印象特别深刻。20世纪90年代初，对教师的培训还非常少，但身边有这样一位对学生谆谆教导、循循善诱的老教师影响着我们年轻教师，实在是非常幸运。

2014年下半年，我担任一年级教学。我有意识地在课中、课后跟学生讲各种道理。二年级上学期时，有一次，因为某件事情，我在班级里给他们讲道理，讲完以后我习惯性地问："你们听明白了吗？"突然，一个叫小博的学生举手站起来说："老师，您在一年级上课时讲的道理我早就听明白了，从那时候开始，我就知道我要做一个优秀学生。"他的回答令我大吃一惊。如果我不是亲耳听到低年级学生这样当着全班同学告诉我，我绝不会想到一个一年级的学生只因为听明白了老师讲的道理，就去严格要求自己，主动追求，很短的时间内就真的成为班级里各方面都优秀的学生。

学生的主动意识多么重要。从这以后，我更乐意跟学生们讲道理了。为了使他们有兴趣，我往往会运用各种故事、名人传记、社会重大新闻去印证这些道理，让他们更易于接受。

讲完这些之后，问一问学生：听了老师讲的内容，你明白了什么？懂得了什么？观察学生的回答，你会发现：善于总结的学生往往能关注到重点、表述非常清楚，而一部分学生还不能抓住主要内容。所以这时候你需要把刚才阐述的道理用一句话或几个字重新总结一下，让他们重复三次，学生就对讲的道理印象深刻了。简洁的名言警句所起到的引导作用往往效果惊人。

我们应当相信儿童。相信儿童能明白道理，就能唤醒孩子心中自律的种子。当他们能够自我约束、有自我追求的时候，我们的教育就事半功倍了。

2018年4月4日

一位家长与教师的小冲突

　　二年级班级中有一个孩子，成绩总是很糟糕。学校要求午读时间全班一起诵读国学，统一检查背诵情况。检查时发现，别的孩子会了，这孩子却背不出来。班主任老师在班级家长微信群里指出情况时，这个孩子的家长生气了："孩子学习压力太大了！我不想儿子学习拿第一！只求他健康成长就好。"

　　如果抛开这个学生的实际情况，这番话不知要得到社会上多少家长的共鸣和支持。事实上：他的教育目标之低已经让孩子各方面糟透了。了解情况的其他几个家长在微信里劝说他和老师积极沟通，因为他的教育思想存在严重的偏差。我寻思着这样的家长在班级里不止一个，具有普遍性。如果解决好这个问题，可以让家长们厘清自己的教育思想，和学校老师一起同心协力对孩子进行教育。

　　有一个关于教育的非常有趣的比喻：教育孩子就好像家里搞装修，老师特像装修师傅。家里搞装修先要请设计师做好设计，多看、多学、多问，懂得水电、瓷砖、门的用材是房子装修的重点。但是，做父母不需要考核上岗，很多家长对孩子的教育没有规划和设计，不知教育的重点，"脚踩西瓜皮——滑到哪里算哪里"，出了问题，"头痛医头，脚痛医脚"。老师跟家长讲，要特别重视培养孩子良好的品德、让孩子养成良好的行为习惯、夯实基础知识和基本能力的根基，让孩子根据自身的兴趣特长发展自己，真的就像装修师傅的提醒呀。不虚心接受专业人士的劝告，几年之后，主人发现房子到处出现问题，重拆、重装大费周章，不拆不装心烦意乱。可孩子是人，出了大问题不能回炉重造，成了家庭、社会的"残次品"甚至是"危险品"，孩子、家庭、社会因此陷入痛苦的深渊。

　　于是，我在班级家长交流群里写下了这样一段话：

各位家长朋友，作为老师期望您的孩子不断努力、不断进步！成绩差没关系，但是要努力。

很多孩子和家长努力了，但是成绩依然不好，总有一种失败的感觉。这是很糟糕的。因为孩子会失去信心。孩子如果从小就失去自信，这种失败的阴影将伴随他们一生。这是孩子的痛苦，一生的痛苦！我们总是祝愿别人幸福快乐，因为我们人生的目标不是为了追求痛苦！

努力了，还没有进步，我们就要查找原因，寻求解决问题的办法。

例如，孩子读了课文，考试时发现按照课文内容填空都不会。究其原因，说明读的时候没有专心。用什么办法解决？那就是读完就背诵，以此提高读的效果。生词也抄了，考试时写词语还是不会。怎么办？抄几个就听写，错了就更正。

家长就要用这样的办法、这样的实际行动告诉孩子：做事有方法才有效果。做事要想方设法得到一个结果，而不能一事无成还安慰自己。如果家长认为孩子学习知识可以去装样子、不求实际的效果，孩子会养成混日子的坏习惯。今后能做成什么事呢？难道这样子孩就幸福了吗？

我们的孩子为什么要受教育？因为我们希望孩子们超越我们，往大方面说是"少年强则国强"，往小方面说是"少年强家庭强"。

班级的老师从教近三十年，教过的孩子有一两千吧，我们会发现孩子努力上进与家庭教育密切相关。虽然有些家庭非常贫困，可家长有长远的打算；也有的家庭虽然富裕，家长却目光短浅。古语说："穷不过三代，富不过三代。"这是以上两类家长对子女教育最后效果的最好解释。

自古以来，中国最有名的姓氏家族是钱氏，涌现了多少名流学士、杰出伟人，为什么？因为有《钱氏家训》，教育了一代又一代的钱家子弟，人才辈出。

教育的目的，从小的方面说，是为了孩子个人，为了一个家庭、家族的发展；往大的方面说，是为了地区，为了国家，为了社会的发展。

孩子的未来是不可限量的。如果孩子受到良好的教育，他们立志为家庭、为地区、为国家去奋斗，将来做出伟大的贡献是完全可能的。同样的条件让孩子接受教育，家长非要把孩子的教育目标定得非常低，孩子不可能去努力，一定会出现很糟糕的情况。如果家长引导孩子有一个高远的目标，方法又得当，不论现在还是将来，孩子不会差。

在语文课堂里，我们经常给孩子提供信息：本市农民（湛江）发明了香蕉除根机，获国家发明专利，南方各省农村种植户争相订货，还出口东南亚了；本市一名高二的学生获发明专利，几个厂家想花钱购买他的专利……我们既讲伟大的特蕾莎修女的故事，也讲今年（2017年）获诺贝尔和平奖的巴基斯坦女孩的经历和事迹……面对二年级学生，为什么讲这些？就是为了开阔孩子的眼界，使他们明白：世界上有这么伟大的人值得我们去崇拜、去追随！

我们应当教育孩子志存高远、脚踏实地。

2017年5月16日

培养团结的精神

"一个中国人是条龙，两个中国人是条虫。"这话把中国人不团结、经常"窝里斗"说绝了，令人痛心，令人惭愧。很多年前，我就在想：这里面除了争权夺利的人性之恶外，在团队建设方面真的没有值得我们反思的地方吗？我们的中小学教育在培养团结方面可以做些什么？

众所周知，日本是世界上团队建设方面非常好的国家之一，无论是学校教育还是企业，都特别重视团队精神培养。德国在这方面也相当成功。我们看世界杯足球赛就很清楚，场上参赛是以团队利益为核心，电视宣传采访也不突出任何个人，只有团队。

1998年，我在玉龙雪山旅游，当时同行的还有几个好友。等候坐缆车上山的游客特别多，排了很长的队伍。同行的旅伴都多才多艺，于是大家唱起了熟悉的歌曲，消磨时间。旁边等候的一队帅小伙鼓起掌来，于是我们冲他们喊："来一个！来一个！"等他们唱起歌曲，才知道他们来自韩国。翻译说他们是韩国的在校大学生。他们的演唱非常好。虽然我们听不懂韩语，但是听得出七八个人的小合唱竟然有两三个声部，这水平是相当高了。我们中韩双方的小合唱比赛一首接一首，优美的歌声回荡在雪山空谷，成为玉龙雪山之行美好的回忆。

当我们分乘缆车游览雪山后，两个小合唱队自然分开了。我们平时从各种媒体（新闻、影视、文学作品）中了解到：韩国人非常团结。一个问题浮现在脑海：他们国家是怎样培养团队精神的？这个疑问一直萦绕在我的脑海。这次切身体会之后，我在阅读国内外教育文献的时候，特别留意这方面的问题。

2004年，日本黑柳彻子的《窗边的小豆豆》在中国翻译出版，我有幸读到了这本书。书里描写的"巴学园"运动会给我的印象深刻。日本幼儿园的学生运动会怎么开展？值得我们学习的地方有哪些？我查阅了许多报纸杂志，也拜读了一些日本留学生的记述文章，较为详细地了解了日本幼儿园的学生运动会情况。其中给我启发最大的是他们在运动会上对团队精神的培养。

大概在2007年，我偶然看到一篇文章，内容是记述日本小学的运动会。

日本学校所有参加运动会的小学生，只分为两支队伍——红队与白队，全校学生从低年级到高年级按人数对半分，一半为红队，一半为白队。红、白是日本国旗的颜色。一顶红、白两色可以正反戴的帽子就把孩子们分开了：分到红队的将红色戴在外面，分到白队的就将白色戴在外面。

比赛就在这两个队之间进行。红队和白队都有各自的旗帜，红白旗在各自的队伍前飞舞助威。这和国内学校以班级为参赛队的方式不一样。仔细琢磨，发现这样有一个好处：学校所有的学生在选择自己是红队还是白队时，对最后的比赛结果不能预测，所有的学生都关注起自己队的运动比赛成绩，对陌生但是同属一个团队的同学自然而然生发出关心、支持、鼓励。这样，每一个红队或白队的同学参赛时都能得到全校一半学生的关注和助威，自然而然地摒弃了只关心自己班级小团体和只关注个人的现象。

运动会项目里绝大多数是团队比赛节目。除了接力赛和拔河项目是我们熟悉的以外，其他项目都是中国学生闻所未闻的比赛项目。如骑马战、夺棍战、投球战等。红队与白队各自"骑高马"，然后去摘对方的帽子，谁摘的对方帽子多谁就赢。欣赏之后，让我明白：这些项目都是在训练孩子们的团结协作精神。听起来吓人，其实都是些简单得不能再简单的项目。然而，这些项目却都不是一人所能完成的。

我们来仔细了解一下日本幼儿园年长组（大班）的"组立体操"项目。组立体操，就是若干名或全体小朋友，按号令组合出各种造型。体育老师喊出口令后，击鼓敲出不同节奏，作为动作变换的口令。组立体操是由单人开始，接着变为二人组合，类似于中国孩子的徒手"推独轮车"。然后是三人组合成二层，两个小朋友架起一个小朋友，根据鼓声转向不同方向，类似于中国孩子玩的空手"抬轿子"。还有六人组合的"富士山"，叠加三层，真让人捏把汗，六人里只要有一位小朋友不用劲，"富士山"就有可能塌陷。集体造型，由全体小朋友围成圈，像多米诺骨牌一样一个接一个倒下去……这种徒手体操，不仅需要力量、平衡、耐力，更需要团结协作。这些项目充分让孩子们明白了团结的重要性、团队的重要性。团结成了训练孩子们最重要的一项内容，它是团队生命的枢纽，是整个集体的核心。孩子们在这种类似游戏的比赛中充分明白并懂得这一点。

于是，我尝试有计划地培养团结的班级。新接班时多次举行以训练合作能力为目的的游戏。学生是喜欢游戏的，在游戏里学会的和领悟的道理印象最深刻，便于在实际生活当中运用。我把游戏目的只放在"在游戏当中学会正确的沟通方式，促进团结"。我找到"风雨同舟"这样类似的心理游戏，让学生分组比赛。第一轮比赛结束后，获得成功的组员要谈当时接到任务时的思考、组员商量的过程，还要谈谈成功的做法。游戏当中最有价值的是失败——组员出现意见分歧或活动失败，学生之间互相指责埋怨，这些情况恰好是团队建设中最具破坏性的——学生一定要学会处理这个问题，即使暂时取得成功。让学生讨论：出现意见分歧时，该怎么协商；失败的时候不指责埋怨，该怎样提出建议，进行充分讨论。学会有效沟通的具体操作运用，就是这些游戏的目的。

语文课上，我长期实施A、B两大组的朗读竞赛——无论怎样调整座位，班上四组始终按照教室左边两组、右边两组为A组和B组。按照精神饱满、正确、流利、响亮、有感情、认真倾听进行朗读比赛。胜利的组由老师画一面红旗作为奖励。遇上个别学生读错或开小差没有及时读，都需要扣分。学生从开始的指责、埋怨，逐渐懂得：事后的指责、埋怨不如事前的帮助和提醒，所以就出现了下课时帮助同学练习朗读、比赛时同桌轻轻地提醒等好现象。

每一篇课文都进行A、B大组的朗读竞赛夺红旗，是一个非常简单的游戏。从一年级一直到三年级，每篇课文的熟读环节都是全班学生的热切期盼，大家乐此不疲。开始的时候，大组中每个学生的朗读水平不同，每个月的座位调整使组员变化大，学生慢慢学会不排斥任何一个朗读水平差的同学成为组员，各组也非常自觉，无须提醒都能做到朗读时精神集中。后来比赛的焦点逐渐转移到对新课文的生字词读音的快速掌握、对课文内容的理解以及有感情地朗读表达上。每段课文的朗读竞赛得分都及时公布在黑板上。宣布最后的得分时，获胜组的学生欢呼雀跃。我感觉到这种长期的团队竞赛产生了良好的效果，既高兴又欣慰。

班级当中，学生各方面能力参差不齐、性格各异，安排座位时，老师会考虑均衡性，可是谁都愿意跟成绩好的同学坐。学生应该懂得要团结所有的人。

怎样做呢？我让学生找同学的优点，起码写出五条，一条一条地读给同桌听。这一个环节叫作"我有一个好同桌"。最重要的另一个环节叫"我要做个好同桌"。学生可以成绩不好，但是助人为乐、宽容、不影响同桌的学习，是好同桌的最基本的条件。

通过各种长期、大量的活动，培养了学生合作的能力和技巧，自然能充分享受相处的愉快。

2018年11月25日

创建温暖的班集体

《红楼梦》里贾宝玉经常感叹"赤条条来去无牵挂"，似乎他很早就已洞悉一个人命运的始终。真的是"赤条条去"吗？竹篮打水虽然一场空，但竹条上都浸了一层水呀。人生几十年，难舍的亲情、友情和经历的喜怒哀乐，不是一笔宝贵的财富吗？小学阶段有六年，六年当中，一个学生要是生活学习得幸福快乐，即使当他离开小学校园，脑中留下的依然是美好的回忆。无论他的成绩怎样，都会觉得是一段幸福的旅程。老师、家长和学生都有这种期盼。

培养一个团结向上的班级，最终目的是创建一个温暖的集体。在历时二十八年的教育生涯中，我觉得最近几年在家长会上强调的一番话最有效。我说："如果您的孩子不打算转学，基本上要在这个班集体中生活六年。六年的时间不长也不短，所以教育孩子好好和人相处、通情达理、乐于助人，不仅是在这六年当中，他会生活学习得很愉快——即使以后上初中、高中、大学甚至几十年后小学同学的聚会——他（她）的好，每一个人都会记在心里，他再见小学同学时，依然是受欢迎的。为着这个目标，我们家长朋友面对孩子之间的小纠纷、小矛盾，不但自己要宽容大度，更要教育孩子胸怀广阔。

"请仔细观察一下孩子。当他自私自利、不与别的孩子分享玩具的时候，他是不是待在一边生气？那么二十几分钟的时间，甚至几天的时间里，这种小气狭隘的情绪一直困扰着他，那他这段时间就不快乐，可别的孩子早就找别人玩去了，开心去了。所以自私小气的孩子最终把自己弄得不快活。

"在班集体里，家长也是一样，不但要关心自己的孩子，还要关心其他孩子。家长乐意为大家付出，你的孩子在班级里就更受欢迎。帮忙接送一下别人家的孩子，互相提醒一下作业和注意事项，分享养育孩子的方法，家长和孩子们劲往一处使，才能组成一个相亲相爱的大集体。"

创建一个温暖的班集体，首先要用一个共同的制度约束每一个个体。我把优秀生的标准写在黑板的一侧，醒目亮眼："按时上学、认真听课、积极发言、热爱阅读、劳动负责、完成作业、乐于助人"。同时写上"我做优秀生"。当学生出现某一方面的问题时，就用优秀生的标准提醒他。把学生助人为乐特别隆重地进行表扬，作用也特别大。即使是帮助收发作业、辅导同学、搀扶同学去校医室、打扫同学的呕吐物、借出文具、帮同学做值日……事无大小，只要是乐于助人，一律郑重地在班级中表扬、奖励，让"人人为我，我为人人"成为强有力的班级共识。

一个温暖的班集体不但要在学生之中形成，更应成为家长们共同努力的方向。教师的一双慧眼要及时发现每位家长为这个集体的付出。上学路上一个家长电动车上搭着自己的孩子和别家的孩子，这是帮忙接送的，教师就在班级里表扬，请学生回去转达对家长的谢意；放学下大雨时，一个家长拿着一把大的遮阳伞把二十几个孩子轮流护送到校外的商场门口等候家长，教师也隆重地表扬家长的热心；分享会上，有一个家长为每个孩子做了小月饼和饺子，教师让全班学生集体鞠躬、道谢……创建一个温暖的班集体，有时并不要家长花钱。高尔基曾写信给他儿子："给，永远比拿愉快！"展开双手，敞开心扉，我们都可以成为施与者：灿烂的笑脸，温暖的语言，贴心的安慰，耐心的帮助……都是给予别人的宝物。有时看似手中空无一物，实则拥有满满的财富。家长会上非常隆重地表扬热心的家长为班集体、为孩子所做的一切，家长们的心里也是暖暖的。有一个团结向上、温暖的班集体，有老师、家长、孩子们共同维护，师生关系、生生关系、老师与家长的关系和谐多了，处理起小矛盾、小纠纷也容易多了。少了许多麻烦事，大家可以把大把的精力放在遨游知识的大海、攻克一个个学习难关上，何乐而不为呢？

2018年11月11日

播撒梦想的种子

有一句话说："一线阳光射进来，灰尘就有了方向。"人类最宝贵的财富是希望，而有希望是因为心中有目标。一个人有梦想，生命就能放出异彩。

无数的专家学者都告诉我们要有理想，有关的名人名言也一大堆。一线教师最大的好处是直接面对学生，可以通过自己的教育引导学生在心里播下梦想的种子，并且可以跟踪了解这些"种子"是否发芽长叶，可以清楚地看到"它"成长的过程。

一节社会与品德课上，谈到了梦想，我给学生讲了我国台湾地区著名作家林清玄小学三年级立志当作家后的奋斗故事：小学开始他每天写五百字，中学写一千字，高中写两千字，大学写三千字，一直坚持下来，现在已经出版了一百三十一本书。讲完，我让学生谈谈自己的感受。学生说，有梦想很重要，还要有行动。

是啊，行动最重要，否则梦想就真的只是白日梦了。

接着，我让几个学生说说自己的理想。他们纷纷发言。

然后，我把爱因斯坦说过的话送给他们："人与人的差别就在八小时之外。"我又说："意思是说，八小时之内大家都一样地学习工作。要与别人拉开距离成为强者，一定要在八小时之外坚持不懈地努力。"

有梦想，更要有行动。怎么行动啊？方法很重要。我让学生出出主意。有的说多读有关的书籍，有的说多向有经验的人请教，还有的说自己多思考……

如果理想教育到此为止，那就真成"叫育"了。

我决定跟踪这件事。一个月后，我想知道有哪几个学生有目标而且已经有行动了。

浩明说："我喜欢金鱼，我希望自己成为一个养金鱼的专家。这几个星期，每个周末我都去新华书店找养金鱼的书来看。看完就照着上面讲的办法养我家的金鱼。有时也去花鸟市场向卖金鱼的老板请教，问他们给金鱼喂食、换水、消毒、治病的方法。我自己也记日记。以前，我的金鱼养不了多久就死了，现在，我把金鱼养得越来越好了。"

他一讲完，班里就响起了热烈的掌声，大家真为他高兴。没想到，浩明成了班里的"金鱼专家"！

文博说："我最喜欢植物。因为妈妈在阳台上种了好多花。我的理想是当一名园艺师。老师，那次您讲了要为理想奋斗以后，我回家就开始做试验。其实，很久以前我就想做了。我从小区围墙边找到几株长得很茂盛的蒿草，移进我家花盆。过几天，它成活后，我就按照园艺书上讲的方法，斜斜地剪开它的枝条，把妈妈种的玫瑰花枝条嫁接上去，用保鲜膜包一层，再用小绳子捆好。这段时间，我很细心地照料它，有几根嫁接的枝条成活了。我不知道几个月后它开不开玫瑰花。"

我和其他学生惊呆了！好有创意呀！开不开玫瑰花不重要，他的想法和实践才最重要！教室里沉默了一会儿，突然爆发出一阵雷鸣般的掌声。太令人兴奋了！

小雯也发言了："老师，我的成绩不是特别好，我当不了科学家，也做不了大老板。但是我想当书法老师。照您说的，每天要为理想努力一点点，我就买了一本字帖，每天晚上写完作业后，就照着字帖把一个字练上一页。我想，每天写好一个字，一年就可以写好三百六十五个字。只要我坚持五年，我就可以写好一千八百多字，十年就可以写好三千多字，我一定能把字写得比周围人好。"

……

梦想是激情，是动力。有梦想的孩子飞得高、飞得远。

黎巴嫩著名诗人纪伯伦说："我宁可做人类中有梦想和有完成梦想愿望的最渺小的人，也不愿做一个伟大的无梦想、无愿望的人。"

一个真爱孩子的教师应当精心保护孩子的梦想。因为每一个成功都是从梦想开始的。

2018年10月6日

学"家"字引发的幸福家庭话题

我们当老师的，在长年累月与学生和众多家长的接触中，往往会发现学生的成长发展与其家庭教育密不可分。

有许多学生在不健康的家庭氛围中被压制、被扭曲，不能正常成长，他们所遭受的痛苦往往会带入他们未来的家庭生活当中。而当他们想脱离原生家庭带来的不良影响时，大部分人并不知道如何去做，可能只有少数人转而去研读心理学，分析原因，试图改变。

目前社会上离婚率居高不下，一个四五十人的班级往往有六七个学生来自离异家庭，而这些学生中能有一个依然得到父母双方的关爱，能保持一颗阳光健康的心，就已经很幸运了。

曾经有一段时间，我也和其他老师一样，面对这种情况只感受到自己的无能为力。慢慢地，我想着要通过自己当老师的优势去改变点什么。

一个人当了老师，最大的好处就是可以用自己对世界、人生、价值的看法直接影响一大批学生。

但是，我的学生是小学生，他们的性格还没有发育成熟，许多高深的理论和操作并不适合他们。所以，我就利用学习生字的机会来让学生自己思考对社会和家庭的观察。

学习"家"字的时候，我让学生分析字的结构，然后弄清宝盖头、豕（shǐ，猪）的意思。"家"表示有一个遮风避雨的屋顶，底下还养着一只活蹦乱跳的猪。接着，我问学生："同学们，你觉得一个幸福的家是什么样的呢？"学生们你一言我一语地回答：有房子住，有吃的，有喝的，有穿的。

"有房子住，意味着感到安全；有吃的穿的，说明基本的生活能得到保障。可是在生活中、电视上，我们看到有些人住在豪华的大房子里，吃香的喝辣的，却不快乐不幸福呀？"

学生面面相觑，议论纷纷。

"大家再想想幸福的家是什么样的？"

在一步步的引导中，学生慢慢明白：不论贫穷或富裕都可以幸福。一个幸福的家就是一家人相亲相爱、互帮互助，是家里轻柔的说话声、爽朗的笑声，甚至伴随着快乐的歌声、悦耳的琴声。

即使面对的是一、二年级的学生，我也会说："同学们，将来你们也要做爸爸妈妈，每一个人都会建立自己的家庭。"初次听到我说这句话，学生往往会笑起来，有的害羞，有的惊讶，有的环顾四周大声哄笑。首次听到老师谈论他们将要创建家庭，这种反应很正常。

"我要祝愿你们将来都创造一个幸福的家庭。

"但是，如果你觉得现在生活的家庭不幸福，那么你也要勇敢地去改变，一点一滴地做，慢慢地使你的家庭变得幸福起来。

"我知道有些同学的家里平时一直吵吵闹闹，一点点鸡毛蒜皮的事闹得鸡飞狗跳。有些同学在家里心惊胆战，不知何时暴风雨来临。父母应当像我们学的课文里讲的母鸡一样，张开翅膀，给小鸡们一个安全温暖的家。

"如果你现在的家是和睦幸福的，将来也要建立幸福的家，给你的孩子安全和幸福；如果你现在的家是不幸的，那你要想着通过自己的努力，将来建立一个幸福快乐的家，让你的孩子不再像你一样痛苦，能过上幸福的生活。

"每一次过新年，每一次祝福朋友，我们都会说：祝你幸福！幸福不会从天上掉下来，要通过我们的种种努力才能实现。所以，老师希望同学们一起努力。"

今年年初，学过"家"字没多久，我接到一个家长打来的电话："谭老师，你上课说的关于幸福家庭的一番话，孩子回家都跟我说了，我们做家长的也深受启发。一家人相亲相爱、快乐生活太重要了。我非常感谢您！"

这何尝不是对我们每个人的祝愿和督促呢？家庭是社会的细胞，每一个家庭都幸福了，或者说大家都朝着幸福努力，世界将处处是轻快的身影、灿烂的笑脸。

2018年11月24日

把道理讲新讲透

经常听到家长和老师说："我道理讲了一箩筐，孩子依然无动于衷，还嫌我啰唆。"为什么我们讲的道理孩子们不愿意听呢？孩子话里表达的意思是家长多次重复，没完没了。一个句子重复啰唆就是病句，得修改；在思想教育中，重复啰唆也得改。克服的办法就是像修改病句一样，重复的内容不多讲。除此之外，要让孩子不排斥、不讨厌，愉快地接受你的观点，还得把道理讲新、讲透。

例如，孩子把某个生字写错了，要更正几遍，以免再错。孩子不愿意，家长、老师说学习要勤奋，甚至搬出"凿壁借光"等古今好学的故事来。孩子觉得这样的例子不新鲜，不愿意听，更不会接受这番道理，因为他早从书里看到过这些故事。这时，你可以观察一下孩子的微表情：眉头皱了，眼睛向旁边瞄来瞄去，脚不停地移动，说明他对你的谈话内容不感兴趣了；如果他的手在敲着某样东西，那就说明他已经不耐烦了，再讲就起反作用了。

家长、老师怎样把道理讲新、讲透呢？

首先，要说出科学道理

就以让孩子更正错字为例。要抹去一个错误的字留在大脑中的记忆，少更正几遍，偷一点点懒，相当于橡皮擦在大脑皮层记忆区域轻轻地擦，原有的记忆痕迹还在。等到下次要写这个字的时候，大脑反馈的依然是错误的印象。所以，当我们告诉孩子，偷懒一点点，换来多次失败，会使自己产生笨、傻的错觉；多抄几遍，多努力一点，让正确的记忆在大脑里印象深刻，将永不再错，就会多一点点成功。同时要教给学生正确的记忆方法。同样是抄写生字，让学生在作业本上竖着写几遍比横着写几遍效果好，因为此时学生注意力集中一些。还有，学生边写边读，比只写不读效果好。因为边读边写，杜绝了思想开小差。如果告诉学生，在写字的过程中，动脑、动口、动手三步同时进行效果特别好，学生怎么会不乐意听呢？如果让学生采用这些办法后，马上进行听写，学生发现效果真的好，他们就会更加信服家长和老师，无形之中，家长和老师树立了自己的威信，下次说话的分量就重了。

其次，家长、教师要善于打比方

孩子爱发脾气，劝告之后还说："我就是这个脾气！"怎么引导？就要给孩子打个比方：爱发脾气，相当于在木板上钉钉子。发一次脾气就钉了一颗钉子，道歉相当于拔钉子。你以为拔掉钉子就什么事没有了，只是你没有注意到拔掉钉子后木板上还有一个小小的洞。发一次脾气就是在别人心上留下一个小小的洞。小洞多了，你就会失去喜欢你的人了。你能让爱你的人永远爱你吗？是呀，能让爱你的人永远爱你，这可是人生的大学问！

最后，家长、教师要讲出当代社会的新知识、新科技、新发展

如今，生活条件好了，孩子的学习动力少了，独生子女增多，家长溺爱，甚至有些孩子才六七岁，家长就告诉他说以后家里的房子、别墅、汽车都是他的。孩子听了，就不学习了，家长还用过去的那一套说辞提醒他要好好学习，能有用吗？我们上网搜一搜物流公司全部用机器人分拣快递，很多大公司采用大量机器人代替人工，解决连续加班的问题，无人机已经替代人工完成很多项工作……把这些当代社会的新知识、新科技、新发展用图片、视频的方式展现在孩子面前，才能引起他们的触动。

当我们把道理讲新讲透的时候，你会发现孩子认真听讲道理的时候，眼睛里闪亮闪亮的，真的有小星星呀。

2019年6月10日

敏锐地捕捉有价值的问题

四年级下册，识字课上学习生字"惯"，学生组成词语"习惯"。良好的行为习惯对学生很重要，于是我们展开谈话："你有哪些好习惯？"学生回答出很多常见的如读书、写作业、有礼貌、讲卫生等好习惯。有一个男生说："我从不打骂弟弟和妹妹。"我立刻意识到这是一个特别有价值的话题。为什么？因为作为一个哥哥，他从不打骂自己的弟弟和妹妹，说明他具有很高的情商，在处理与不懂事的弟弟妹妹的纠纷时，他都是采用沟通和讲道理的方式。对于一个四年级学生来说，这是非常难得的。如果教师不能意识到这一点，可能就只会表扬一句："你真是一个好哥哥！"于是，我说了几句："未来，小灏会一直幸福。你们知道为什么吗？弟弟妹妹年龄小，懂得不多，做的错事也很多。当他们给自己带来麻烦时，小灏会很有耐心地跟他们讲道理，告诉他们正确的做法，而不是采用恶言和暴力行为。长期以来，小灏与身边的人都是以良好的方式相处，没有粗言滥语，没有拳脚相向，所以和他在一起很平静、很快乐，大家都愿意和他在一起开开心心地学习、工作、生活。一直有欢声笑语相伴，所以他将会很幸福。"

我讲这番话的时候，教室里出奇地安静，全班学生都瞪着眼睛看着我。"你想幸福吗？我希望大家和小灏一样学会与周围的人和谐相处。"

在课堂中，在学生众多的回答当中，教师敏锐地捕捉到有价值的问题或话题，然后用简单的话语讲透其中的奥妙，一语中的，可以使学生恍然醒悟。

2019年5月5日

"鼻"字的教学

汉字是现今世界上硕果仅存的古老的表意文字，形象地展现了中华民族的智慧和哲学思想，它是祖先给我们留下的极其珍贵的文化遗产。在识字写字的教学过程中巧妙地进行字理知识教学，一方面学生易学易记，另一方面他们对汉字所表现出的民族智慧惊叹，就会从心底里爱上汉字。

"鼻"字历来都是学生易错易忘的字。为了解决这个难题，同时防止自己臆想它的组成、构造、意义，我从《说文解字》里查阅了这个字。

鼻（bí），《说文解字》上说："引气自畀（bì）也。凡鼻之属皆从鼻。"

畀（bì）是什么意思呢？我继续查阅。

《说文解字》说："相付之约在阁上也。从丌（jī）田声必志切。"（《尔雅·释诂》）畀，赐也。（传）畀，予也。《说文》：约，缠束也。

原来畀（bì）的形旁是"丌"。"丌"是什么意思？查阅到这里，我还没完全弄明白，于是又查了一下。

《说文解字》（卷五）说（部）丌：下基也。荐物之丌。象形。读若箕同。《说文解字》中说："丌，下基也。平而有足，可以荐物。"

查阅完，我对"鼻"字的理解比以前丰富多了。于是一个教学流程从脑海里跳出来。

以下是教学实录：

师："鼻"字特别难学难记。今天我们向它挑战，好不好？

（1）师：大家看，这是古代的籀（zhòu）文 "鼻"字，你有什么感受？

生1：太像人的鼻子了！还画了呼吸的气。

生2：这样的字太好玩了。

师：古人就是根据物体的形状画图，这些图就是最早的文字。不少的现代汉字是从古代的象形字中演变而来的。

（2）师：大家再看老师画的"自" （甲骨文），像人脸上的什么器官？

生1：像人的鼻子。

师：人们在以手势帮助说话时，用手指着自己的鼻子，是指谁？

生2：是说"我"。

生3：指自己。

师：是的。指自己，代表"我"。在古代曾经有一段时间，"自"既指鼻子，又指自己。但是这样用起来太乱了，于是我们的祖先又造了一个"鼻"字。"自"就专指自己了。

（3）师：我们接着来看一下"鼻"字中间和下面的部分。在古代这是一个字——"畀"（bì）。看老师写这个字的小篆： 。

师：一束纺织物，放在一个托盘上。干吗呢？古代君主赐予臣仆物品时就采取这种方式。

师：那你猜一猜"畀"（bì）是什么意思？

生1：赏赐。

生2：奖赏。

师：都对。"畀"（bì）就是给予的意思。

（4）师：请看老师画画，你观察一下这像常见的什么生活用品？（师画"丌"）

生1：像摆放花盆的小高脚桌子。

生2：像茶几。

生3：像电视剧中古代读书人用的简单的书桌。

师：你真是善于观察。这种桌子造型非常简洁。

师：条案、茶几，我们拿来做什么用呢？

生4：放东西。

师：是的。"鼻"字最下边就是"廾"，读作jī，是指用来垫东西的器具、放物品的底座。

（5）师：现在我们来看整个"鼻"字。

一个"自"，一个"畀"，合起来是什么意思呢？自己吸进氧气，给予自己身体所有器官和细胞能量，呼出废气，给器官和细胞减少损害。这就是鼻子的作用。

师：看看"鼻"字，你有什么感想呢？

生1：我觉得这个字很好玩，好像画的画。

生2：我很佩服发明这个字的人。因为大家一看就记住了这个字。

师：我们祖先把鼻子的作用都写在这个字里了，多聪明啊！

师：看到这些汉字，你就能知道它的意义。这种古老的表意文字，原来有古代埃及的圣书字、苏末人的楔形字、中国的汉字，现在只剩下汉字了。我们得好好学会它，让它继续发扬下去，好不好？

生（全体大声）：好！

（6）师：下面我们学写"鼻"字，请大家跟着动画来书空，注意每一个笔画在田字格的位置。

生书空，念笔画名称。

师：下面请同学们把"鼻"字端端正正地在田字格里写五遍。

通过这样学习"鼻"字后，没有一个学生把"廾"写成"卄"（弄字底），也没有人忘记是"自""田""廾"组合成"鼻"字。

汉字属于表意体系的文字。字理教学专家黄亢美老师说："汉字具有形义结合、见形明义的特征。"教学时，如果采用字理分析，让学生了解汉字的来龙去脉，汉字在儿童眼里就会变成一幅幅图画、一个个故事，学生不知不觉就感受到汉字的魅力。但是字理教学不能单纯地从现在汉字的组成来分析和理解，应该查清字源、字义、字的演变，以保证教学中对字的理解、推演、启发都符合字的历史沿革，坚持教学应有的严谨态度。

【参考文献】

黄亢美.汉字学基础与字理教学法［M］.南宁：广西教育出版社，2014.

此文发表于2018年《小学语文教师》，2017年4月13日

有趣的心理学现象在识字教学中的运用

　　孩子小的时候，父母会发现一个有趣的现象：让孩子端着水杯，叮嘱说："千万别掉在地上摔碎了！"过一会儿，水杯肯定摔碎。要孩子拿着钱去楼下小卖部买点东西，吩咐说："小心，别把钱弄丢了！"没多久，孩子哭丧着脸说，钱弄丢了。这时，父母大发雷霆："不是告诉你不要弄丢了吗？怎么搞的？"孩子委屈得不行，觉得明明爸爸妈妈讲清楚了，怎么偏偏就搞错，自己怎么这么笨呢？

　　其实，这根本不是孩子的错。

　　许多语文教师在上识字课前非常认真地备课，找出易错字的易错点，在课堂上反复交代："'烧''绕''饶'千万别多加一点呀！""'值''直''殖'千万别写成两横啊！""'展'下面千万不要少写一撇呀！"诸如此类。可是等到批改作业时，就有好几个学生偏偏写错，老师就头疼了："明明讲了，怎么还错？！"学生也非常自责。

　　其实，这也不是学生的错。

　　心理学家曾经解释过这一现象。当成人用否定性语言描绘常规要求时，孩子或者学生的注意力就集中在否定性语言描绘的场景上，特别是成人多次强调，注意力就更加集中在这方面了。前文所讲的，父母对孩子说："千万别把水杯摔碎了！"孩子很认真地听着话，注意力会集中在水杯摔碎在地面上的情景，反而忽视了眼前要抓稳水杯的事情，因此水杯摔碎了；当老师说"'绕'字上边不要加一点"时，初次学习这个词的学生非常重视这句忠告，可是他们的注意力集中在"绕"字上边加了一点的样子，所以写错了。

　　因此，儿童心理学里要求老师不要采用否定性语言描述常规要求，而要用肯定性语言进行描述。前文所说的端杯子，父母应该说："把杯子端稳啊，好好地放在桌子上。"

那么，对于那些易错字怎么教学呢？需要把易错部分重点书空，用肯定性语言多次描述（根本不要提错误的字形），记忆几遍，再重点书写几次，就不会出现错误。

举个例子，教"直"字时，让学生边书写边念"直字里面有三横"，一定要念三遍。然后在本子上书写七遍。写完，同桌之间互相检查是否正确。第一次记忆和书写的正确性非常重要。一旦写错，要改正，大脑所要做出的努力要多得多。

用肯定性的语言描述易错字的易错部分，学生的注意力集中在正确的字形上，生字掌握的正确率就会提高，对学习的自信心会越来越强。相反，如果用否定性语言描述，而且老师反复强调，那真是帮了错字的忙。学生学习生字屡次出现错误，对生字的学习会产生越来越多的畏难情绪，不利于语文学习；老师心累又辛苦，要多花精力追着学生订正错误。

相似的形近字怎么区分？怎样用肯定性语言进行教学呢？

下面，我想讲讲个人在这方面的摸索过程。

在刚刚接触小学语文低年级识字教学时，我往往把两个或几个形近字写在黑板上，让学生区分，读几遍，然后抄写，但总有几个学生弄错。后来，我仔细研究了那些形近字，绝大多数是形声字。它们的声旁相同，只是形旁不同。当学生提笔写字时，表示读音部分的声旁能最快速地在头脑中闪现出来，要花较长时间思考的是它的形旁。我想：如果在学生了解了绝大部分形旁表示的意义后，加上快速反应出声旁，那么学生只需要很短的时间就能书写正确了。于是，我一方面在识字课上不断强调偏旁部首所表示的意义，另一方面在所学生字有几个相似的形近字时，让学生回忆有哪几个形近字，组成词，板书出来，让学生读几遍进行记忆，然后玩一个小游戏："老师说词语，请你们快速说出形近字的偏旁（也就是形旁）。"例如，区别"浇、烧、绕"，先组出简单的词语"浇水、烧火、围绕"，学生记忆几遍，然后开始玩游戏，老师说词语"浇水"，学生回答形近字的偏旁"三点水旁"；老师说词语"烧火"，学生回答"火字旁"；老师说词语"围绕"，学生回答"绞丝旁"。这时老师根据形近字扩出更多更难一点的词语："环绕、燃烧、浇灌……"让学生快速回答。

我发现，学生能快速说出形近字的偏旁，就不需要布置抄写形近字组词的作业了，正确率依然很高。

运用儿童心理学的知识，可以促进我们的教学，提高效率，能有效地减轻学生的负担。心理学上还有很多著名的心理学现象，如罗森塔尔效应、超限效应、德西效应等，认真研读，可以摸索着运用在教育教学当中。

2018年9月29日

葫芦丝老师"绝招"的启示

学校组织教师学习葫芦丝，请来了市葫芦丝学会的陈老师。陈老师年轻帅气，善于思考钻研，他把老式葫芦丝的弱点加以改进，发明了新型葫芦丝，因便于清洗，便于初学者掌握演奏技巧，获得国家专利。

陈老师说："依据哲学观点，人们容易掌握简单的技巧。初学者要快速掌握葫芦丝的吹奏技巧，就要把复杂的技巧变得简单易行。"他的具体做法是：把复杂的吹奏技巧分解为几个简单的技巧，每个技巧都要求特别慢地反复练习。等一个技巧熟练后，再增加另一个技巧练习。陈老师给我们上课时板书了几个词："复杂——简单——少、慢"，精练地概括了他的教学经验。

网上流行一句话：复杂的事情简单做，你就是专家；简单的事情重复做，你就是行家；重复的事情用心做，你就是赢家。陈老师就是这样的赢家。"他山之石，可以攻玉。"从陈老师身上我得到了启发。

近几年，我一直担任低年级语文教学。一、二年级语文教学任务主要是识字写字：认识常用汉字1600个，会写其中的800个。"四会"字要求学生做到会读、会讲、会写、会用。要达到"四会"要求，抄写必不可少。学生很喜欢阅读课，但对于一节课要学会十多个生字的识字课兴趣不大。怎样让学生爱上识字课呢？我给自己定下一个任务：积极探索，化难为易，要让识字课上得既充实又快乐。

为了更严谨地上好识字课，我除了研读《汉字的故事》等书籍外，又啃起了"骨头"——许慎的《说文解字》。遇到平常学生容易写错的字，我就认真在书上查找阅读，再去查找字的形态演变，从甲骨文、金文、小篆到现代白话文，往往有意想不到的收获。

为了对字的意义有一个深入的了解，在讲生字前，我会先去查《古代汉语字典》，对字的不同意义进行了解，再查现代汉语字典和词典，力求教学的严谨，避免在教学中随意解说。

就在这样不断地学习、思考和实践中，我也有自己上识字课的"小绝招"了。

一、对于较复杂的难字，采用加大视觉冲击力的办法

在板书时，一个生字写出10厘米×10厘米大。字大了，笔画更清晰，合体字的各部分更明了，学生看起来更轻松。

二、对于难字，把易错部分提出来单独讲、单独书写

首次学习就着重突破字的重点、难点，学生学起来不易错，容易识记。例如教学"昂"字。首先让学生读词"昂首"，然后让学生做动作，形象地理解这个词语，接着提问："昂首是抬头看天空中的什么？"引导学生观察"昂"字，注意到日字头。对于"昂"字易错的下半部分，我会这样引导学生："同学们，中国传统武术动作里有一个单脚站立的高水平动作叫什么？（生：金鸡独立）看看这个'昂'字下面这部分，像不像金鸡独立？一只脚站得稳稳当当，还昂首挺胸，说明功力深厚啊。"接着，让学生单独抄写下半部分三遍，再把"昂"读三遍，抄写三遍。通过分部分讲解，突破关键点，这个易错字全班几乎没人写错。学生第一次书写正确，以后出现写错的概率会大大减少。

三、把没趣变有趣

世界上最有名的学习方法有三个著名的代表人物：罗斯福以高度专注力著称，费曼以独特的四步学习法闻名，而达·芬奇的笔记被人珍藏。说到达·芬奇，大多数人都会立刻想到《蒙娜丽莎》这幅名画。但实际上，达·芬奇是一位在绘画、雕刻、医学、科学、机械等各个方面集大成的天才大师，留下了令人惊叹的智慧宝藏与谜团。他留下的笔记能部分解释他所取得的成就。

我们的笔记大部分都是文字类或表格式，会使用思维导图来记笔记都算比较高级了。但是达·芬奇的笔记图文并茂，充分调动了逻辑思维和形象思维，让左右脑都活跃起来。这种理性加感性、艺术与科学融合的创造性思考方法，也许就是达·芬奇天才的密码吧。达·芬奇的笔记这种图文结合的独特方法，给

了我启发：低年级学生处于形象思维向抽象思维过渡的时期，不正适合这种学习方法吗？

为了把横平竖直的方块字变得有趣，我经常把部首偏旁的甲骨文或小篆画出来，宛如一幅生动的小画，非常有意思。因为汉字是象形字，本身就像图画，而且有一种特别的美感，学生也觉得有趣好看。例如：

"人" "丝"，好形象呀。

瞧瞧"见"字的演变，多可爱呀。

又如"页"。

学生对"页"字为什么表示人的脸部不理解。画出"页"的小篆，他们就恍然大悟了。这正像缩发插簪的一个人呀。再来理解："颜"表示颜面、容颜；"项"指颈的后部，泛指脖子；"须"指男人面上生的毛，胡子，再去理解"须眉"（男子的代称）、"须生"（传统戏剧角色名，即"老生"）、"须根""触须"（像胡须的东西），就水到渠成了。

四、学一个，认一串

汉字当中有很多合体字，相似的几个都采用同样的形旁，学生只要弄清楚了偏旁部首的意义，往往不难学会。例如"隹"，《说文解字》说：隹，鸟之短尾之总名也。与"鸟"同源。其甲骨文象形，像鸟形。可见"隹"是汉字的一个形部，从"隹"的字与禽、鸟等有关。识字课上，我先让学生单独学习"隹"（教材没有要求学），了解了形旁的意义（第一次就把"隹"字右边有四横，写上几遍，掌握牢固，以后很多次学习含"隹"的字时，就不会写错了），再学习"集""雄""雀""难""耀"时，学生就感觉既容易又有趣。

"集"表示很多短尾巴鸟聚集在树木枝头。

难：又字旁，表示手的动作。"难"本意指去抓鸟很困难。

雀：小一点的鸟。

雄：鸟之父。

雌：鸟之母。

……

学习"耀"字时，我这样教：

师："隹"在古代表示什么意思？

生：指短尾巴鸟。

师：对，大家一起认真看"耀"字，分析字的结构。

生："耀"字是左右结构。左边一个光字旁，右边上面一个羽毛的羽，下边一个"隹"字。

师：大家仔细看"耀"字，思考一下：短尾巴鸟的羽毛怎么样？你能用几个词语来形容一下？

生：五颜六色，五彩缤纷。

生：光彩夺目，绚丽多彩。

师：你再看看"耀"字，我们的老祖宗发明"耀"字的时候是为了说明短尾巴鸟的羽毛怎么样啊？

生：突出羽毛有光泽，闪闪发光。

师：大家想想，在刚才形容短尾巴鸟羽毛的几个词语中，哪一个最合适？

生：光彩夺目。

师：是啊！聪明的同学看着这个字就理解我们祖先创造"耀"字的目的了。写这个字的时候要注意哪些笔画？

生：光字旁最后一笔，竖弯钩变成了竖提。

师：请全体同学伸出食指书空：竖提，竖提，竖提。

生：还有羽字的横折钩变成了横折。

师：请全体同学伸出食指书空：横折，横折，横折。

每一节识字写字课，有一个重点、难点的区分，把时间和精力花在最难最容易错的字上。在字的形态、意义、扩展上，每一节课争取有一个亮点，一个学期下来，亮点就很多了。

通过扎扎实实地学习字词基础知识，把复杂的汉字先简单化，再把简单又分解为较少的部分，减缓教学梯度，学生对于汉字的来历、演变了解多了，他们就慢慢地爱上方块字，爱上世界上仅存的象形字。我自己也期待上识字课，喜欢课堂上挥洒自如的感觉。

慢慢地探索、挑战、总结，我把在课前备课和课堂中的实践以及课后的思索写成一篇篇论文。其中，《"鼻"字的教学》发表在中文核心期刊《小学语文教师》2018年第一期上。

子曰："三人行必有我师焉。"各行各业都有优秀的人，他们不断思考、探索、实践获得的宝贵经验，值得我们学习。"海纳百川成其大"，向他们虚心学习才能成就我们自己。

2018年10月5日

巧学词语

低年级学生的认知水平和思维能力有自己的特点，教师如果能融入自己的科学精神和智慧，采用生动活泼、立体多方位的词语教学策略，那么语文教学的课堂中会出现很多亮点。

一、巧设情境

教学时，教师通过生动的讲述、精彩的画面、直观形象的表演以及多媒体的运用，创设恰当的情境，把对词语的理解贯穿在情境之中，让学生去想象和感受语言文字所描绘的情景，引起学生心灵上的共鸣，从而使学生在阅读的基础上进行再创造，使词语的内涵丰富起来。

以下是人教版第二册《两只鸟蛋》的教学片段，采用的就是这种方法。

师：请一个同学读一读第二节。

生1：（读）"我从树杈上取下两只鸟蛋，妈妈说，鸟妈妈这会儿一定焦急不安。"

师：读得很好。字音很准确。小鸟妈妈会怎样焦急不安呢？请大家听一段音乐，想象一下。（放一段紧张不安的音乐）哪个同学来演一下鸟妈妈焦急不安的样子？

生2：（张开双臂做鸟妈妈边飞边找东西的样子）我的蛋宝宝呢？我的蛋宝宝呢？

生3：（站着使劲叫）谁偷了我的蛋？谁干的坏事？

生4：（拍打自己的脑袋）咦，刚才我的蛋宝宝还在这里呀，现在怎么不见了？都怪自己太粗心，没把蛋宝宝藏好。我真傻！我真傻！

这个教学片段，巧妙地创设情境，让学生在音乐中想象小鸟妈妈焦急不安的样子，然后通过表演展现小鸟妈妈当时的情态、语言、动作，使学生设身处地地理解鸟妈妈失去宝宝焦急不安的心情。学生在这样的活动中学习"焦急不安"的意思，受到爱鸟护鸟的教育，比单纯的说教好得多。

二、巧用动作

低年级学生活泼好动，有意注意时间短，在四十分钟里让学生站起来动动胳膊动动手，符合小孩子的特点。同时，让学生在学习词语时充分运用肢体语言，能激发他们对学习的兴趣。

例如，人教版第二册《松鼠和松果》第四、五自然段的教学片段，就是采用了这种方法。

师："春天，几场蒙蒙的细雨过后，在松鼠种松果的地方长出了一棵棵挺拔的小松树。"你能做一做"挺拔的小松树"的样子吗？

生1：我会做！是这样！（把身体站得直直的，挺胸抬头）

师：你为什么这么做呀？

生1：因为挺拔就是说小松树长得直。

生2：还有这样！（把双手合起来，举在头上）

师：你为什么这么做呀？

生2：因为挺拔的小松树还在使劲往上长呀！

师：好，现在大家一起做一做"挺拔的小松树"的样子，看看哪棵小松树最挺拔。

这个教学片段反映了教师引导学生用肢体语言来表达自己理解"挺拔"这个词的过程。

三、巧用已有的知识经验

低年级学生知识经验不足，可一旦在课堂中调动学生这方面的积极性，他们会有一种满足感，那么今后他们自主学习的势头就不可阻挡。我们来看一下在全国第四届青年教师阅读教学观摩活动中荣获一等奖的吉林省张陆慧老师上《从现在开始》的一段教学实录。

课前，张老师发给每个学生一个头饰，让他们记住自己代表的小动物。

师：（读课文）猫头鹰宣布："从现在开始，我们大家都要夜里工作，白天睡觉。"各位小动物，你们有什么意见吗？请大家讲一讲。

生1：（扮公鸡）这怎么行呀？天亮时我应该叫人们起床呀！

生2：（扮小兔）我们兔子生来就是白天做事，晚上睡觉的呀！

师：大家都在叫苦呀！（摸着扮演小猫同学的头）你呢？

生3：（扮小猫）我无所谓。我们猫本来就是白天睡觉，晚上去捉老鼠的。

（全场响起笑声）

张陆慧老师在这里巧妙地调动学生已有的知识经验，通过形象地再现各种小动物听到猫头鹰的命令后的感受，使学生在创设的情境中非常生动地理解了"叫苦连天、议论纷纷"两个词语。

发挥师生的主动性和创造性，巧妙地运用各种方法学习语言，让师生感受到学习语言的快乐，不正是我们所追求的吗？

本文参加中文核心期刊《小学语文教师》举办的全国论文大赛获二等奖，

2004年4月3日

组词，从创新"魔球"开始

1983年7月，华夏研究院思维研究所所长许国泰教授在广西南宁举办的中国第一届创造学术讨论会上，亲自展示了神奇的"创新魔法"。他利用坐标轴的横向坐标信息和纵向坐标信息相交结合的方式，展示了创造回形针几千种新用途的思维方式，使与会的日本专家村上幸雄和作家、编辑、艺术家、发明家、教育家、企业经理等目瞪口呆，会场上刮起了一场"头脑风暴"。

许国泰教授的"魔球"理论，又名信息交合法，曾获得专利和国外大奖。

我看到这个故事之后，非常震惊。后来我查阅了信息交合法的资料，茅塞顿开。我想：这真是"魔球"啊！一旦掌握了，人们岂不是拥有了"金手指""点金术"！要是用这种创新思维方法从小学低年级起就训练学生，那能产生多大、多持久的"魔力"啊！

有一天，上一年级语文生字课，让学生组词，他们小手林立，纷纷发言。要是平时，我早就满足于这么活跃的课堂气氛了。突然，一个念头涌上心头：能不能用"魔球"理论引导学生组词，训练他们的创新思维呢？我一试，结果出乎意料地好。

教学实录如下：

师：平时同学们组词水平不错。今天教师要告诉大家一个新办法，要是学会了，我们每个人都能组出两个、三个甚至更多的词语出来。大家想不想试一试？

生：想！

师：现在我们就来试一试。请给"桌"字组词。

生1：桌子。

师：你可以说出两个词吗？

生1：大桌、小桌。

师：这是从桌子的大小方面说的。（环顾全班）还可以从其他方面组词吗？

生2（想了一会儿）：方桌、圆桌。

师：真棒！这是从桌子的形状方面说的。还能从其他方面想一想吗？

生3：铁桌、木桌。

师：非常棒！这是从桌子的制作材料方面说的。大家再想一想。能根据桌子的不同作用说一说吗？看谁说得多。

生4：课桌、书桌。

生5：饭桌、电脑桌。

师：同学们真聪明！你看，今天我们给"桌"字组词，从桌子的大小、形状、制作材料、不同的用途四个方面组词，一共组了十个词。最主要的是我们学会了从与桌子有关的不同的方面进行思考，而且每个方面就联想到两个、三个甚至四个词语。给大家点赞！今后，我希望每一位同学都用这种方法来思考问题，使自己变得越来越棒！

"魔球"发挥魔力了！孩子们第一次惊叹于自己的思维"魔法"。后来，上低年级生字课，每一课我都让学生用信息交合法的"魔法"组词，创造了不少精彩的课堂高潮。

给"书"字组词时，精彩纷呈。课堂实录如下：

师：下面我们又用"魔球"方法给"书"字组词，好不好？

全班学生兴奋不已，大声喊道："好！"

生1：小人书、图画书。

师：这是从书的呈现形式说的，有的书是用文字写的，有的书采用图画，如漫画书，还有的书图文结合。还能从其他方面说出词语来吗？

生2：新书、旧书。

师：同学们，这是从书的哪方面说的呀？

生（全）：新旧方面。

师：谁能从另一方面说更多？

生3：书包、书皮、书架。

师：非常好！请问你是从哪方面说的呢？

生3：我说的是与书有关的东西的名称。

师：你真聪明！同学们，你看刚才发言的同学，他能一下子说出三个词，而且他能说出自己是从哪一方面进行的思考。真不简单！大家用热烈的掌声表扬他！谁还能从其他方面说出更多的词语？

生4：语文书、数学书、英语书、音乐书、美术书。老师，我要是看着课程表，我们上的课里面有书的我都能说出书的名称来。

师：超级赞！

（教室里爆发出一阵热烈的掌声）

生5：老师，我也能！我可以说出表示人们用书的各种动作的词语：看书、读书、写书。

生6：我还能接着说，抄书、买书、卖书。

生7：还有送书、赠书、寄书。

师：哇！不得了，你们的脑袋变成"魔球"了！（全班学生很高兴）使我们变聪明的是脑袋里的想法，对不对？

全班学生高兴地大声喊："对！"

师：思考的方法对，我们就会越来越聪明！你看，今天我们给"书"字组词，大家从书的文字图画呈现形式、新旧程度、与书有关的物品、课本的种类、人们用书的动作五个方面组词，大家开动脑筋，一共组了二十几个词语！同学们真了不起呀！希望大家养成用脑的好习惯，做任何事情都能从不同方面想出更多、更好的办法！

【参考文献】

游国经，钟定华.创造性思维与方法［M］.北京：人民日报出版社，1996.

2017年4月16日

表演在自读自悟中的运用

自读自悟是学生阅读理解能力培养的一个重点，也是为了实现语文"教是为了不教"这个最终的教学目标。通过教学实践，我发现表演的形式可以非常形象地反映出学生的自悟水平，如果再加上学生有理有据的评价，能够有效地促进学生阅读的深入，学生可以从中感受到学习本身的快乐，因此这种形式深受学生的喜爱。

教学实践中，面对学生，我往往先提出阅读某段，不加任何讲解，放手让学生自读，然后请学生按照文段描述的情景进行表演。在学生表演前对其他学生提出具体评价要求：仔细观察同学的表演，对照课文的描述，评价表演的优劣，提出自己的建议，做出具体的说明。

例如，人教版四年级上册第六课《爬山虎的脚》第四段的教学过程。

师：请同学们自己读第四自然段，一边读一边想：爬山虎是怎样爬的，然后我们请同学上来当爬山虎给大家表演一下。

生1表演（面对黑板，边做动作边叙述爬山虎向上爬的步骤）。

师：现在请同学们结合课文的语句说一说这位同学的表演哪里演得好，说出理由。

生2：他把自己的手当作爬山虎的脚，而且把手指张开当作脚上的细丝，我觉得他很聪明。

生3：他一边表演，一边说出爬山虎爬的过程，和书上叙述的一样。

生4：我觉得他表演爬山虎时"爬"了几步，这一点表演得好。因为课文里说"爬山虎就是这样一脚一脚地往上爬"。"一脚一脚"就是说爬了很多步，也说明爬山虎能爬很高。

师：还有哪些地方值得改进？

生1：我觉得他演的时候能够一边用手指当作"细丝"扒住墙，一边把手臂伸直向上爬，做得好。但是课文写"细丝原先是直的，现在弯曲了，把爬山虎的嫩茎拉一把，使它紧贴在墙上"，手臂应该先是直的，然后弯曲，身体再紧贴墙，这样才对。

师：大家评价得很好。评价别人的表演就是要结合课文的内容才能做到有理有据。

这个表演完全是学生自读自悟后进行的，教师不对相应文段内容加以烦琐的讲解分析，学生对表演的评价也是用文本中的语句进行有理有据的评析，这一系列的过程是引导学生深入阅读之后理解揣摩的结果。

又如，人教版四年级下册第十一课《蝙蝠和雷达》第七自然段的教学。

师：请同学们自己读课文第七自然段，读完后请同学上来表演蝙蝠安全飞行时的过程。

生1一边表演（张开双臂做蝙蝠飞行的样子），一边叙述：蝙蝠一边飞，一边从嘴里发出超声波，超声波遇到黑板，反射到它耳朵里，蝙蝠知道前面有障碍物，就马上改变飞行方向了。

师：她演得怎么样？谁来评一评？

生2：她表演得不错。完全是按照课文里描写来做的。超声波听不见，她说出了蝙蝠的做法。

师：再请一位同学表演，能演出另外一种情况吗？

生3表演：蝙蝠一边飞，一边从嘴里发出超声波。咦，超声波没有反射回来？哦，前面没有障碍物，它可以继续向前飞了。

师：怎么样？谁来评价一下？

生4：他演得非常好。蝙蝠没有遇到障碍物的情况，这个书里没有写，他也想到了。

师：刚才两位同学把蝙蝠遇到的两种情况都表现出来了。其实，生活中的蝙蝠更聪明。谁能演出一只更聪明的蝙蝠？

生3：我是一只聪明的蝙蝠。你看，我一边飞一边从嘴里发出超声波，超声波遇到了障碍物反射回来，我的耳朵接收到了，把信息传达给大脑，根据反射回来的超声波判断，前面好像是一个人，我快飞走吧，免得他把我给抓住了！

（师生大笑，报以热烈的掌声）

　　阅读教学的深入应当加倍重视学生用眼看、用心想这个理解揣摩的过程。无论是表演还是评价，唤起的都是学生阅读内在的快乐，教师不教而学生自悟，学生得到深层次的快乐与自信。

2018年11月4日

加强语用训练

多年以来阅读教学重分析、重理解，轻积累、轻运用，忽视语言运用训练，造成"高耗低效"的困境。为了解决这种状况，全国小语会理事长崔峦先生在第七次全国阅读教学研讨会上强调语文教学要体现"一个中心""两个基本点"。"一个中心"就是以语言训练为中心，特别是要加强语言的运用。"两个基本点"即培养语文能力（听、说、读、写、书），提高人文素养。

教师光有了语言运用培养的意识还不够，必须把语言运用的训练贯穿到每一篇课文里，增强训练力度，而不能只注重一册书八个单元的作文训练。

加强语言运用的训练，要找准训练点。

一、根据整册教材在语言运用方面的重点，选择训练点

我们通读教参时，就知道一个版本的教材在编排时，一至六年级在句式、修辞等方面，在不同年级中进行了统筹安排，各有侧重。虽然各地教材版本不同，但课程标准对各年级学生的要求是相同的，各年段学生的思维特点等是相同的。因此，在学期初，了解整册教材在语言运用方面对学生的要求很重要，对重点句式、修辞、句段篇章的写作手法等的教学有了清晰的目标，才能在一个学期的教学中运筹帷幄，巧妙安排，连续训练，使学生达到运用得法、运用得体、运用灵活。

在修辞手法上，二年级学习比喻句，三年级学习拟人句，四年级学习排比句，还有夸张、引用、对仗等，在各年级教材中均有安排，是修辞手法方面学习和运用的重点。教师可以结合重点课文，经常安排相关的语用训练。

例如，二年级重在学习比喻句。不但要在教学中让学生认识比喻句，区分比喻句和非比喻句，更重要的是练习写比喻句。喻体、本体、明喻、暗喻这些

专业术语，二年级学生很难弄清楚。学生要学会写比喻句、能在生活中用比喻句，重要的是找到本体、喻体之间的相似点。"二月春风似剪刀"，二月春风像剪刀一样裁剪出线条优美、新鲜嫩绿的柳叶。进行语用训练时，教师可以播放小草葱绿、鲜花盛开、莺歌燕舞、万紫千红的春天美景图，然后让学生说说"二月的春风像（　　　）一样……""春天像（　　　）一样……"。这个语用训练的设计意图是让学生学习写比喻句，对象征春天的单个事物进行描写，或者对整个春天的景象进行描写。课堂上，学生说出了"二月的春风像（画家）一样把大地画得五颜六色的，美极了""春天像（小姑娘）一样戴着花草帽，穿着花裙子"等比喻句，这个设计紧紧地结合古诗《咏柳》，既练习写比喻句，又深化《咏柳》歌颂春天的主题。

三年级主要是初步感受拟人句、识别拟人句、学写简单的拟人句，四年级下册第六单元再次学写拟人句。课本列举的三个例子，直接写出事物具有人物的动作、神态、心理等。多次训练，学生就能写得比较好：

小草勇敢地钻出地面，兴奋地张望着明媚的世界。

软弱的小树在风雨交加的夜晚吓得只打哆嗦。

含羞草不好意思地遮住了自己粉红的小脸。

调皮的小雨点接二连三地从乌云中跳下来。

四年级下册正式安排了学习排比句。

课本安排在第一单元学习。第一课《桂林山水》用了两个非常鲜明的排比句描绘桂林山水的盛景。学生在感受、品味、积累排比句之后，本单元后面的两课就可以进行排比句的写作练习。因为排比句是由三个或三个以上相同的句式组成，对于学生来说，写作难度大，所以第一次练习时，要降低难度，可以在第二课《记金华的双龙洞》第六自然段里安排用排比句描写洞内石钟乳和石笋等景物。为激发学生的写作欲望和灵感，先出示溶洞内形状变化多端、颜色各异的景物，然后进行排比句训练。学生写出了这样的句子："双龙洞的景色真奇特呀，像云雾缥缈的仙界，像晶莹剔透的水晶宫，像遥远神秘的星空。"

第三课自读课文《七月的天山》，除了进一步体会排比句外，还要领悟写排比句的方法，可以把训练重点放在第四自然段。先出示课文里的排比句："在轻轻荡漾着的溪流的两岸，满是高过马头的野花，五彩缤纷，像织不完的锦缎那么绵延，像天边的霞光那么耀眼，像高空的彩虹那么绚烂。"让学生找出在这个排比句中写野花特点的词语：绵延、耀眼、绚烂。作者为了具体描绘这三个特点，用了三个比喻句，把野花分别比喻成"织不完的锦缎""天边的霞光""高空的彩虹"，三个相同的句式描写出野花的五彩缤纷，细腻形象，节奏和谐，感情洋溢。接着，播放校园各处的照片，要学生选定自己最喜欢的一处，用三个词语写出景物的特点，然后让学生练习写出排比句。有学生这样写校门口的大榕树："走进去，第一眼望见的就是那棵万古长青的大榕树。它是那么绿，绿得在阳光下晃眼睛；它是那么密，密得透不过一点阳光；它是那么粗，粗得几个同学才能抱得过来。"

因为整册教材在句式方面的重点在排比句，所以要多次训练。如第五单元"热爱生命"的习作，可以让学生尝试着写排比句歌颂生命的意义；第六单元"走进田园，热爱乡村"的习作中也可以要求学生用排比句描写景物。

例如，学生写的《生命的意义》：

生命是有限的，生命是短暂的，生命是脆弱的，但是，只要我们热爱生命，生命中的每一天都将变得有意义。

生命是一束焰火，即使燃烧的时间短暂，也能闪耀出绚丽的光彩；生命是一支蜡烛，即使火光微弱，也能照亮他人；生命是一株小草，即使只能从春绿到秋，也能打扮荒芜的土地，活出自己的色彩。

又如，学生写的《家乡的田野》：

家乡的田野，没有大草原的广袤无垠，没有瀑布的一泻千里，没有大海的汹涌澎湃，它却一年四季变换着美丽的衣裳，把大地装扮得万紫千红。

二、根据单元教学重点，选择训练点

教材的每个单元都有一个鲜明的主题。单元的主题思想贯穿在整个单元的课文学习当中。同一训练重点，练习多次，学生易于接受，便于提高。例如，人教版四年级第六单元的主题是"走进田园，热爱乡村"，那么就把描写田园乡村的景色作为语用多次训练的内容。第一篇精读课文《乡下人家》的训练点在第六自然段。在品读了乡村夜晚的宁静祥和之后，出示一幅乡村月夜图，让学生仔细观察，然后进行小练笔。

学生这样写：

"山间云雾迷蒙，一轮明月高高地挂在天上。虫儿唱起了一首优美的摇篮曲。树睡了，山也睡了，整个世界都沉浸在安详、和谐的梦中。"

"秋夜，一轮明月高挂在漆黑的夜空，将柔和的月光洒向大地。远处的群山慢慢地沉睡；近处，虫儿轻轻地歌唱。微风吹过，树叶轻摇。秋夜，宁静祥和。"

三、根据课文的特点，选择类似的训练点

荷兰以牧场为主，主要饲养黑白花奶牛，全国共有六万个奶牛饲养场，奶牛业相当发达。学生通过学习课文《牧场之国》，了解到荷兰牧场绿草无边，牲畜无数，宁静又美丽。但对于荷兰的另外两个雅称还没有了解，这时教师就可以播放大量图片，让学生感受荷兰花卉广泛栽培、出口众多，运河纵横交错，桥梁数以千计、古朴优雅，让学生写一写荷兰"花之国""运河之国"。

在课堂上，学生这样写道：

每年的春夏秋三季，整个荷兰变成了五彩缤纷的花卉王国。漫山遍野的郁金香芬芳四溢，还有形态各异的风信子、水仙盛开在丝绒般的草地上。在蓝天白云之下，一束束金光洒在鲜花上面，绚丽极了，像天上的彩虹落入人间。荷兰，当之无愧的鲜花之国。

河岸边的柳树温柔地垂在水面。河水清澈极了，都能看见水底的沙石。小船从上面轻轻划过，荡漾起微微的波纹。蔚蓝的天空，五颜六色的房子，河边停泊着无数的白色小船，街道两旁绿树红花，这一切美得像一幅风景画，怎不令人心驰神往？这美丽的运河之国——荷兰。

远处，蓝天中的白云悠然自得；微风吹过，风车慢慢地转动；一朵朵郁金香随风轻舞。一望无际的绿地，一架架矗立的风车，还有彩虹似的郁金香——这就是荷兰，寂静的荷兰，灿烂的荷兰！

全国著名特级教师、原浙江省小语会理事长沈大安先生指出，阅读教学要实现多个"转向"，就是走向语言积累和运用，走向阅读能力的培养；让孩子领悟学习方法。他指出："学语文首先是学语言，特别对小学生来说。正确地理解和运用祖国的语言文字，是小学语文教材的最基本的任务，语文可以是工具性、人文性等各种不同的说法，但是首先的任务就是正确地理解和运用祖国的语言文字。当然在这个过程中，我们祖国的语言文字会渗透着一些文学的、文化的内容，但是我们的基本任务是学习祖国的语言文字，而且这种语言文字的学习重在积累和运用。"

2019年6月9日

恰当的表达方式有助于情感的抒发

——学生课堂口语练习的情感培养

人们往往用"无情未必真豪杰，怜子如何不丈夫"来说明人应当具有丰富的情感，语文课程标准也用"努力打动他人"来表述对学生情感表达方面的要求。语文教师除了让学生从课文中感受人类丰富的情感之外，还要通过各种方式培养他们表达出自己丰富的情感。在口语教学实践当中，选择合适的人称、设置恰当的情境、选择恰当的情感表达方式有利于学生情感的抒发。

一、选择恰当的人称帮助学生换位思考

"我、你、他"三个人称代词，在语言表达方面，各有所长。人称代词的使用与说话人的语境密切相关。它们可以分为"靠近说话人的"和"远离说话人的"两种感受。第一人称代词离说话人最近，其次是第二人称，第三人称最远。有时候，为了便于学生表达情感，应当选择恰当的人称代词。

在教《妈妈的账单》一课时，为了让学生体会无声批评的好处，让学生说一说小彼得看到妈妈写下"共计0芬尼"时心里的想法，如果对表达的人称不做要求，学生就会用第三人称思考和表达，会影响学生的换位思考，表述时不真切，也不感人。例如：

生1：小彼得心想：妈妈给他吃给他喝，让他过上幸福的生活，妈妈都没有要钱，他只是帮妈妈做了那么一点事就要钱，很惭愧。

生2：看到妈妈的账单，小彼得想：以后不能这么做了，应该多帮助妈妈做事，报答妈妈给他的爱。

学生这样回答没有错，但是情感不真挚，表达效果不好。如果用第一人

称，学生能很快地进行换位思考，情感表达也最真切感人。如果对学生说："假如你就是小彼得，你会怎么想？"学生回答时第一句会说："假如我就是小彼得，我会想……"这也不利于学生情感的表达。

如果在这个基础上，让学生以"哎呀，妈妈……"为开头，说一说小彼得的心里话，学生表达出的情感就强烈多了。

生1：哎呀，妈妈为我付出了那么多也没有要钱，我只为妈妈做这么一点事就要钱，真惭愧呀！

生2：哎呀，妈妈养育了我十年，给了我幸福的童年，她都没要钱，我现在问妈妈要钱，多羞耻呀！

生3：哎呀，妈妈给我那么无私的爱，我今天做了一点事就问妈妈要钱，真是万分惭愧呀！

表达时使用第三人称，就是发言人处于旁观者的位置，表达出的是冷静理智，而第一人称就使发言人有人物的代入感，自己就是其中的那个人。比较学生的两种表达效果，你会发现低年级的学生情感丰富，要让他们表达出真情实感，教师应该选择恰当的人称帮助学生进行换位思考，利于学生抒发情感，达到最优的表达效果。

二、设置恰当的情境有利于学生情感的激发

三百多年前，捷克教育家夸美纽斯在《大教学论》中写道："一切知识都是从感官开始的。"图画再现课文情境，音乐渲染意境，在情境出现时，教师伴以语言描绘，提高感知的效应，情境会更加鲜明，带着强烈的感情色彩作用于学生的感官。学生因感官的兴奋，主观感受得到强化，从而激起情感，进入特定的情境之中。此时此刻，让学生表达，情感就能喷薄而出。人教版第六册课文《一个小村庄的故事》就适合采用这种方法。

《一个小村庄的故事》讲述了一个小村庄的村民乱砍滥伐，引起山洪暴发，最后整个小村庄全部被毁灭的故事，告诫人们要保护环境。学完课文，要求学生说出懂得的道理。学生如果仅仅说出课文的寓意，语言的感染力就会大打折扣。如果换一种做法，教师用多媒体设置恰当的情境，学生如临其境，此时的语言就会充满激情，特别容易打动人。在一段低沉缓慢的音乐声中，多媒体屏幕上出现洪水过后小村庄满目疮痍的情景，教师沉重地述说："洪水过

后，美丽的小村庄消失得无影无踪。山上郁郁葱葱的森林不见了，村前清澈见底的河水不见了，炊烟袅袅的一栋栋木头房子不见了，快乐幸福的村民不知被洪水卷到了哪里，昔日宁静祥和的村庄变成了一片废墟……最后幸存的一个村民经历了千辛万苦，终于回到了村庄。他站在荒凉的小山上，痛苦地说……"

将图画、音乐、生活场景结合在一起，加上教师深情的朗诵，共同创造出真切的情境，在这种"情"与"境"的合力之中，学生的情感也被激发出来了，此时学生的发言也饱含着悔恨、痛苦、伤悲，达到了情感培养的目标。

三、选择恰当的情感表达方式

爱是人类最美的语言，爱使人间充满温暖。每册教材有关爱的文章都单独分成一组，让学生感受人与人之间纯真的感情，体会美好感情带来的快乐与幸福。对于此类抒情味浓厚的文章，教师在教学中应当侧重学生感受深情、抒发感情，寻找恰当的情感表达方式便于学生的情感表达。

如人教版四年级上册《跨越海峡的生命桥》讲述杭州青年小钱不幸得了白血病，为了挽救他年轻的生命，台湾青年自愿捐献骨髓。在台湾大地震余震不断的情况下，骨髓移植专家李博士不顾危险抽取骨髓，飞速赶往杭州，挽救了小钱的生命。课文讲述的是一个感人的事件，文字朴实深沉。在教学中，可以确定教学重点为"读懂文字，体会深情，表达感受，抒发感情"，突出情感教学特色。

教学时首先要学生深入字里行间去体会作者的感情。这时的教学任务是让学生自读自悟，体会小钱生命垂危，年轻的生命即将逝去。接着让学生把自己的感受表达出来。怎么表达呢？可以让学生自己直接说出对小钱命运的感叹，也可以让学生通过朗读来表达。更好的方式是通过说话的方式让学生抒发内心的感受。课堂上，尝试让学生运用句式"多么＿＿＿＿＿啊，这个大陆青年＿＿＿＿＿"，学生可以讲出对课文第一部分内容的领悟，发出对小钱受疾病的折磨、命运的担忧、生命即将消逝的慨叹。

生1：多么可怕呀，这个大陆青年得了严重的白血病，年轻的生命即将消失！

生2：多么可惜呀，这个大陆青年那么年轻，他本来应该拥有健康的体魄、幸福的生活、美好的前途。

生3：多么难受呀，这个大陆青年得了白血病，要忍受痛苦的折磨，再也不能轻松快乐地生活了！

生4：多么悲惨呀，这个大陆青年身患重病，他和他的家人面临生离死别，真是凄凉啊！

对于课文第二部分，让学生默读之后，采用"多么_____啊，台湾青年_____"，"多么_____啊，李博士_____"的方式说话，让学生把台湾青年的勇敢、为同胞无私奉献的精神与李博士的紧张、尽责和劳累抒发出来。通过这种方式，体会奉献的爱心，表达出对他们的礼赞。

选择合适的人称、设置恰当的情境、选择恰当的情感表达方式有利于学生情感的培养，除此之外，还可以提示学生采用不同的句式（反问句、排比句等）增强口语表达的情感。

2016年6月5日

拓展学生思维，突破千篇一律

——"热爱生命"作文教学谈

　　小学生在完成命题作文时，常常出现选材和写法上的千篇一律。写父母的爱都是父母在自己生病时彻夜照顾，狂风暴雨的夜晚背着上医院；写《我学会了……》大部分写学骑自行车、学游泳。究其原因，如今的小学生生活面狭窄，大多是学校、家庭两点一线的生活，枯燥单调；周六、周日上补习班，参加各种培训，鲜活的生活体验太少；学生为求高分，不敢写自己的真实生活、真实感受、真心话。

　　作为教师，没有办法干预客观的生活，但是可以通过力所能及的努力，在作文指导中做一些工作。下面以"热爱生命"作文指导为例，谈谈拓展学生思维、突破千篇一律的做法。

　　"热爱生命"是人教版四年级下册第五单元的主题思想，教材选编了四篇课文。《触摸春天》讲述了一个叫安静的盲童在花丛中流连时用手拢住了一只蝴蝶，创造了生命的奇迹；《永生的眼睛》讲述了琳达一家三代无私为盲人捐献眼角膜的动人事迹，赞美他们高尚的情操；《生命　生命》描述了台湾作家杏林子从飞蛾求生、砖缝中长出瓜苗、倾听心跳感悟生命的意义，展现了杏林子热爱生命、勇战病魔、坚持写作的乐观、坚强的人生态度；《花的勇气》写了作家冯骥才四月在维也纳的冷风冷雨中寻花、盼花、看花，被小小的花儿傲风斗雨的精神感动的故事。

　　本单元作文要求以"热爱生命"为话题，谈自己了解的生命现象，谈身边发生的热爱生命的故事，还可以谈自己获得的感受和启发。对四年级学生而言，"热爱生命"的话题有些深奥，要写好一篇作文有难度。

在作文指导中，首先复习本单元课文：《触摸春天》突出创造生命的奇迹；《永生的眼睛》突出生命的意义在于捐献器官延续他人生命、带给别人光明和希望；《生命　生命》突出热爱生命意味着珍惜生命、绝境求生、坚强地活着；《花的勇气》突出热爱生命意味着战胜困难、勇于怒放的气魄。

命题作文，根据作文要求写作，正确审题，不离题，很重要。首先，让学生读作文要求，了解写作范围。要求学生边读边思考，画出作文的要求和写作范围，对本次写作要求有一个清晰的认识。

接着，重点指导学生确定个人写作的中心内容：是要表现生命的顽强——选取战胜外部环境的艰苦卓绝，还是战胜自身的病魔、困难？是表现生命的意义——为他人服务，还是为他人付出、替人着想？

然后，指导学生根据自己选定的中心，选择事例。提示学生可以像作家杏林子那样选取动物、植物和人的例子，可以同时举几个例子，也可以只选取一个方面举例说明。

为避免学生千篇一律，先指导学生写出简单的写作提纲：写出要表现的中心、选择的事例和段落安排。这是学生对自己写作的初步安排。接着要学生在四人小组内进行交流，然后随机抽出一组学生上讲台用实物投影展示自己的写作提纲，进行思维的第二次拓展。

有人说："你有一个苹果，我有一个苹果，我们彼此交换，每人还是一个苹果；你有一种思想，我有一种思想，我们彼此交换，每人可拥有两种思想。"学生写作提纲展示的意义就在这里。

这个展示交流让学生看到别的同学想要表现的中心、所举的例子，引起他们思考，从而找到自己最想表达的意思，最适合、最新颖的例子。教师在展示后进一步做指导：提示学生尽量不要举和别人雷同的例子，新颖独特的例子最吸引人，争取做到"人无我有，人有我优，人优我奇"。通过这个展示交流，教师可以了解学生写作的大致情况，推测全班学生的情况。例如，在发现一组学生中出现了三例仿照课文写角落里发芽的红豆、绿豆、花生等，就要及时引导学生，一定要写自己看到过的真实事例，才能够描写出真实生动的形象。

接着要进行更大范围的思维拓展——引导全班学生思考：你真实地感受过植物、动物、人类热爱生命吗？说出你见到的情况和感受。学生讲台风后自己家的植物被摧残后仍顽强地活着，公园和森林的树被吹倒，它们伏在地上也努力地生长；小区里掉进狭窄水坑的小狗，依靠母狗和路人喂食，两个多月依然活着；邻居张奶奶七十多岁依然追求梦想；班级同学自强不息与病魔搏斗，坚持学习；身体的各个器官时时刻刻在努力工作……学生也会举出从书籍报刊、电视媒体中看到的例子：尼克·胡哲身残志坚，海伦·凯勒创造了奇迹……学生从同学的发言中唤醒深处的记忆，得到启示，思维更加广阔，素材范围就会进一步扩大，班级作文千篇一律的情况会大大减少，教师可掌控的范围也会进一步延伸。

当学生获得新的启发，教师可以提示他们快速修改写作提纲，进一步斟酌考虑。

"思想热身"完毕，学生内心涌动着写作的欲望，这时要让学生安静下来，快速进入写作状态。教师要提出要求：为了让写作的灵感不受打扰，全班同学要保持安静，不得询问同学，不会写的字可以用拼音代替或者直接空格。教师也不要再拖延时间，不要用语言或行动打扰学生的思路和注意力，让学生一气呵成地完成作文的初稿。

一般两节作文课，第一节作文课的指导和学生交流的时间控制在二十分钟左右最合适。

教师从三年级开始带班，作文指导能坚持做到学生写作前先调动感情、拓展思维，让学生安静地进入写作状态，形成这样的习惯后，到三年级末，基本上学生都能做到在课堂完成作文初稿，并且能在第二节作文课中空出十五分钟左右的时间进行同学之间的互批互改。教师在指导互批互改的方法后，要求每个学生阅读批改两位同学的作文，读到好的作文多加学习，表扬同学的优点，写下自己的感受；读到差一些的作文，积极地提出自己的建议。所有学生在互批互改的实践中学习谋篇布局（确定中心、列举事例、段落安排）、修改病句和标点，对提升班级整体作文水平大有益处。

我进行"热爱生命"的作文指导后，班级中部分学生的课堂作文收录在本
书附录里，2019年5月19日

语文特色课的设计思路

上一堂富有特色的课是每一个教师的梦想。怎样上出语文特色课，设计思路是非常重要的。下面以举例的方法介绍如何设计特色课。

一、设计以读为特色的课

读分为很多种，朗读、默读或齐读、个别读或配乐读、分角色朗读……这些都只是读的形式，而形式是要为教学内容服务的。一堂真正以读为特色的语文课应当注重的是读的层次、读的内涵和读的效果，而不单是读的形式。

《语文课程标准》要求学生读得"正确、流利、有感情"，"正确、流利"这两个方面，学生是比较容易做到的，读得"有感情"就是更深层次的要求。通过理解、品味，学生才能理解文章的意思，体会到作者的喜怒哀乐，也才能读出感情。设计这个层次的读时，就需要设计对重点词语、句子、段落的理解、品味，引起学生和作者情感的共鸣。

例如，人教版语文三年级上册第二十七课《陶罐和铁罐》的第一部分分角色朗读的训练。铁罐的骄傲、自负和挑衅，学生是很容易读出"味道"的，而陶罐的谦逊、自尊、不卑不亢是学生朗读的难点。设计"读好陶罐的话"时，我们需要让学生自悟陶罐是一个什么性格的人物，从它说的哪些话可以体现出来，然后让学生自由练习。

（1）谦逊的陶罐是如何说："不敢，铁罐兄弟。"

（2）自尊的陶罐是如何说："我确实不敢碰你，但并不是懦弱。我们生来就是盛东西的，并不是来互相碰撞的。说到盛东西，我不见得比你差。"

（3）不卑不亢的陶罐是如何说："何必这样说呢？我们还是和睦相处吧，有什么可吵的呢！"

这里要求学生读出两个人物的不同性格和胸怀。根据自读自悟的需要，要留出足够的时间让学生体会、练习。通过自由读、个别读使学生通过读的实践，掌握读出人物思想感情的技巧和方法，再让全体学生分角色对话，使得每个学生都获得朗读的进步。

朗读的最高境界是通过朗读的指导使学生读出意境。《陶罐和铁罐》中王朝覆灭的一段和争吵的一段，情境是完全不同的。此段展现的是宫殿倒塌多年后的荒凉寂寞。此处的教学设计重点是指导学生读得轻缓深沉，然后配上低缓悠长的二胡独奏音乐，组织配乐朗诵，展现苍凉久远的意境。人教版语文三年级上册的《盘古开天辟地》和下册的《一个小村庄的故事》都可以从读出不同的意境出发，设计出以读为主的特色课。

总之，设计以朗读为主的课，应该在学生读的难点上下功夫，追求朗读的层次提高、读出人物的思想内涵、展现出不同的意境。

二、设计以情境教学为特色的课

情境的设置可以给学生提供生动直观的形象，创设相关的环境体验，达到"身临其境"的目的。以情境教学为特色的课，适用于写景抒情的文章，更适宜离学生年代久远的一类课文。

如人教版五年级上册的《开国大典》。学生对大型庆典并不陌生，也容易了解人们兴高采烈的欢庆场面。如果用大量图片、录像展示当时的场面，只会使教学流于形式，显得轻浮、浅显。实际上，课文最让学生难以理解的是毛泽东主席宣布"中国人民从此站起来了"这句话的深刻内涵，以及人们听了之后欢欣鼓舞、热泪盈眶的原因。由于时代的缘故，学生对旧中国人民饱受欺凌、穷困潦倒没有感受。这时就要设置一个情境：展示多张图片或录像，配上音乐，教师饱含深情地叙述这段屈辱的历史，使学生在短时间内直观地感受到帝国主义的入侵和旧中国人民饱受侵略者的践踏，把学生带到几十年前去感受这段历史的痛苦。看完后，让学生谈一谈感受，教师提出问题：为什么说中华人民共和国成立了就是"中国人民从此站起来了"？为了使学生印象更深刻，还可以设计这样的环节：每一个学生发言后，教师引导全班学生读一遍"今天，新中国成立了，中国人民从此站起来了！"，学生的情感会更强烈。这种情境的设置能使教学更有深度。

三、以语言实践为特色的课

语文课的最终目的是使学生具备运用语言文字的能力。因此，学生的语言文字实践是语文课的重头戏。语文课本中有一类略读课文，编排的意图是希望学生把在精读课文中学习到的语言技巧和方法在略读课文中加以实践，提高学生运用语言文字的能力。人教版四年级上册的《跨越海峡的生命桥》是一篇编排在"体会人间美好情感"一组课文中的略读课文。这个课就可以设计为以学生语言实践为特色的课，又由于课文所在的分组原因，可以设计为侧重于抒情语言的运用。学生自读第一部分后，设计一个环节培养学生概括文段内容，抒发自己对小钱身患重病的感慨：请学生运用"多么＿＿＿＿＿啊，这个大陆青年＿＿＿＿＿"来说话。这个设计的意图是"读懂文字，体会作者深情，表达感受，抒发读者感情"。通过教学实践，我们发现，学生能根据课文内容抒发出对大陆青年小钱饱受疾病的折磨、亲人的痛苦、命运的担忧等方面的感慨，效果非常好。

这种设计能使学生"披文入情"——深入阅读文本，了解文意，还能"出乎其外"——从语言文字的描述中跳出来，把自己内心的感受通过语言抒发出来。

为了突出本课语言实践的特色，还可以在课文后部分设计采用同样的训练方式："多么＿＿＿＿＿啊，台湾青年＿＿＿＿＿""多么＿＿＿＿＿啊，李博士＿＿＿＿＿"。通过语言实践，学生用文中的具体事例有理有据地抒发出对台湾青年无私奉献、勇敢顽强的敬佩，对李博士救死扶伤高度的责任心、紧张劳累的工作精神表达出崇高的礼赞。

语言实践课的设计，朝着"用语言打动他人"的课程长远目标前行。

语文特色课的设计思路可以从学生的听说读写等能力培养出发，也可以从课文本身的语言、结构、意境等方面出发，还可以从教师自身书画、音乐、朗诵等艺术特长出发，设计出重点突出、特色明显的语文课。这些都有待我们广大的教师"八仙过海，各显神通"。

2015年10月18日

173

语文教学要讲究科学性

我们经常听到学生、家长、社会痛斥小学语文作业多，教学效率低。其实教师是好心办了坏事。究其原因，是语文教学没有遵照科学的教学方法。科学的方法能事半功倍，不科学的方法却事倍功半，学生痛苦不堪，教师批改作业的负担也重。语文教学应遵照科学规律，减掉大量重复无效的劳动，避免损害小学生身心健康，减少学习兴趣。

一、按照科学的方法教学记忆类知识

语文知识中有一大部分是记忆类知识，如字词、语言积累、课文内容等。记忆类的知识就要按照小学生记忆的规律组织教学与复习。有些低年级语文教师上课之后要求学生把生字带拼音在田字格里抄一行，这样抄下来，一个生字少说也要抄八遍十遍。一篇课文生字多的有十几个，按照一个生字抄十遍计算，这一项作业学生至少要抄一百遍生字，一百遍拼音，学生做完这些作业就要花五六十分钟，加上其他作业，小学生哪有时间看课外书、锻炼身体、思考探究呢？如果我们教师了解科学的记忆方法，想必就不会布置这样的"傻作业"了。艾宾浩斯的遗忘曲线告诉我们，在学习中的遗忘是有规律的，遗忘的进程不是均衡的，而是在记忆的最初阶段遗忘的速度很快，后来逐渐减慢，到了相当长的时间后，几乎就不再遗忘，这就是遗忘的"先快后慢"规律。我国也有一个"七日来复"的说法。这些科学规律告诉我们，学生学习时对于要记忆的知识，读上七遍，写上七遍，学生就掌握得很好了。上课把生字抄了七遍，放学后只要抄三遍就可以了。在学习之后的二十四小时内让学生听写一遍，把还没有掌握的再记忆一次，百分之八十的知识掌握得很牢固。在一周之内，进行一次查漏补缺，这类记忆性知识就掌握得非常牢固了。

通过采用这些科学的记忆方法，我们完全可以做到学生每次的作业量少，掌握的效果却很好。多读多抄就是浪费时间，那种考试前布置学生做大量试卷的"题海战术"完全可以不要。试想一下：学生已经会写"人"字，再去做十张八张试卷中要求拼音下面写"人"字的题，有什么意义呢？要知道，久而久之，枯燥的抄写、大量做题会磨掉学生的学习兴趣，这个才可怕。

二、按照掌握语言的科学方法讲授朗读

通过观察学生初读课文，我们会发现，他们把课文从头到尾读了几遍，依旧磕磕巴巴的，几遍下来，句子还是读不通顺，课文也不熟练。时间花了，效果很差，最重要的是，长此以往，学生成了朗读的学困生。问题出在哪呢？只有按照掌握语言的科学方法训练，才能达到设想的效果。掌握语言，需要训练口腔肌肉、舌头、嘴唇，训练的次数够了，肌肉、舌头、嘴唇配合好了，发音就流利了。学生朗读时，在最初阶段要训练把一句话反复读几遍，直到非常正确、流利。再按照这样的训练读第二句。同样，读一篇课文，要先把一段读熟练再读第二段。面对学困生更要按照这样的办法扎扎实实地指导朗读，帮助他们学会正确的朗读方法，建立朗读的信心，进而取得朗读的进步。

对于朗读要求中的"读得有感情"，我们发现很多学生只是照着老师的样子拿腔捏调，根本没有体会到文字里的感情，更谈不上表现出情感。我们应该以"读出词语的感情"作为训练起点。例如，先读出"悄悄地""沉重""阳光灿烂""黑压压"等词语展现的情境，然后读好含有这些重点词语的句子，再训练段的朗读。读好了词语，接着训练朗读句子中要注意的重音、语调、停顿等。学生掌握了朗读的方法，一篇新课文只要看上几遍，理解了，就能读出感情了。

三、按照科学的方法训练写作

提起写作文，学生就害怕，咬笔杆半天，只写出了干巴巴的几句话。学生一开始写作文，老师就要求"中心突出、写具体，三百字以上"，学生当然害怕。科学的写作训练是从写作片段开始的。片段写作教学遵循的是循序渐进的原则。训练的题材应当从观察生活中取得，因为生活是写作的源泉。让学生去观察花盆中的豆芽，去观察身边的人、事、物，再写片段。越是学生感兴趣

的，越能训练好写作。今天吃了自己喜欢的菜，就写这盘菜的色香味；刮台风了，就写台风的可怕；逛商场了，就描写商场的商品琳琅满目……写作的源头在生活，教师主要是指导好观察的方法："看一看、数一数、摸一摸、闻一闻、尝一尝（确保安全）"，学生懂得观察的方法，仔细地观察生活就能写出生活的丰富多彩，作文就能生动具体。还有些特级教师，要求学生每天记录生活中的素材，虽说每天只记上几句话，但是促进了学生观察生活、感受生活的能力，等到写作的时候，拿出素材本翻看，当时的情景历历在目，用语言描绘出来就不难了。学生作文中来自生活的材料真实感人、语言生动活泼，得到了教师的赏识，写作兴趣越来越浓，就不愁作文写不好了。

凡事都有规律可循，教学也不例外。多懂得科学的规律，我们的小学语文教学就少走很多弯路，学生就能轻松愉快地学习。

2015年5月17日

训练思维的条理性

我们经常会遇到一些头脑聪明、反应灵活的学生，他们平时发言积极，基础也好，可是一考试就变成"马大哈"，这里丢几分，那里写错几个字，要不就是把题目看错，本来会的都搞错了。对于这类"马虎大王"，光讲细心的道理是远远不够的。其实，考试得高分，也是对学生综合能力的一种考查。以后学生进入社会，搞科研也好，做会计也罢，哪项工作不需要细心呢。所以，教师训练学生认真仔细的好习惯就大有必要了。认真仔细的好习惯的形成需要训练学生思维的条理性。例如，训练学生练习和考试时"读题三遍，圈出重点词"。学生读题做练习，本身就是对语言文字的一种阅读理解。有些题考查是否掌握正确的知识，有些题考查检查错误的能力，比如"请选择正确的答案填写在括号里""请把错误答案的序号填写在横线上""以下四种说法中不正确的是（　　）"，以上不同的题考查学生的内容就有区别，甚至某些题本身就像个"小陷阱"。养成"读题三遍，圈出重点词"就是防止粗心的办法，经常训练，慢慢地，学生就能找到题目的要点。能很快抓住问题的要害，对于他们今后的工作、学习、生活是非常有帮助的。

思维的条理性还包括分解复杂问题的能力。

例如，有一道四年级语文阅读题："请在短文中的括号里写上加点字的近义词，在横线上写上反义词。"题目夹杂在短文当中，有部分学生做的时候思维混乱，没有条理性，导致该写反义词的写成了近义词，该写近义词的写成了反义词。针对学生思维条理性不足的情况，训练时，一是让学生读题，圈出重点词：括号、近义词，横线、反义词；二是在相应位置做上标记：括号旁标记"近"，横线旁标记"反"（这个标记可以更简略）。至此，学生可以直接写出答案而不会弄混了。举这个例子是想说明：即使是语文老师，也应当训练学生思维的条理性。

训练学生思维的条理性，也包括语文学习当中口语交际和习作的条理性训练。

口语交际前准备发言的过程中，思维的条理性训练就很重要。列出发言的主题，采用哪些例子，用简短的语言表达中心思想。这种提纲式的准备即使只有几个提示词语，也会使发言者条理清晰，提取大脑的相关记忆内容迅速而准确。就某一方面进行口语交流时，做了提纲式发言准备的学生，即使是小学生，也能围绕主题侃侃而谈，做到主题明确，论据充分，有说服力。

习作的条理性训练更为必要。我们承认有人写文章时，不需要列写作提纲，也能行云流水，洋洋洒洒，一气呵成。但大多数人写作应当列出简要的提纲，对主题、选材、谋篇布局有一个统筹安排。列完提纲后可以反复斟酌，择优而用，以保证习作的质量。否则，想到哪里就写到哪里，会产生"两个黄鹂鸣翠柳，一行白鹭上青天"，不知所云、不知所往的错误。

遇到复杂的问题，化繁为简，逐个分解突破；列出做事的流程；对已完成的事项画"√"做标记……这些都是训练学生思维条理性的方法。对小学生进行长期的思维条理性训练，日积月累，对他们以后的学习工作都有所帮助。

2019年6月22日

玩玩具，培养探索和思考精神

一个初中同学曾经拿绳子套住一个铁环，他捏着绳子的两头，让我去解开。我琢磨着从绳子两头解开是不可能的了，可能要从绳套入手。于是，我两手捏着绳套两边，试着向铁环两边移动，最终成功了。这次玩游戏的过程，使我记住了当时的思考过程。

多年前去黄山旅游，在山脚下有卖木头玩具的，都是一些中国古典益智玩具，华容道，鲁班锁，我都买了下来，还买了一个"九连环"。"九连环"据说是历代皇宫里用来开发皇子智力的玩具，由一根小木头上吊着九个独立的小铁环，还有一个小铁钩。简易的塑料包装纸上，没有玩法介绍，我就一边玩，一边思考。要把小铁环连起来，套好第一个和第二个，想把第三个套进去时，必须把第二个铁环从第一个铁环中退出来，再把第三个铁环和第二个铁环套起来，最后套第一个铁环。以此类推，玩到第九个铁环时，必须把前面的八个连环套一个接一个地解开，最后把第九个铁环和第八个铁环套好，再套第七个，如此循环，直到套好第一个铁环，才算完成。玩"九连环"不仅是锻炼耐性和专注力，更重要的是在玩的过程中不断思考和总结。玩着玩着，你就能总结出玩"九连环"总的指导思想：以退为进。为了让小孩子能理解"后退是为了前进"，古人设计了如此复杂、需要反复体验的玩具。

推崇幼儿要多玩益智玩具、动手操作，简单地讲，就是让幼儿"在玩中学"，学会专注地探索，学会从问题出发进行思考，学会从大量无序的思考中总结出经验。

杨振宁教授是目前全世界仅有的几个理论物理学大师之一，我读过他的传记。他有一句名言："科学的归途是哲学，哲学的归途是信仰。"我猜想：这是不是说，研究人类和研究自然界的运行规律最后殊途同归，都可以归纳出哲学思想其中的一种；哲学中对世界的认识、对人类的研究，最终成为人类的信仰。不同的信仰影响着研究的方向、途径和结果。研究人类和宇宙的最终结果也影响着人们形成不同的信仰。以上的理解，只是我非常浅薄的认识，也不知道理解得对不对。望读者指教！

幼儿玩玩具，也是同样的道理。孩子们通过玩，一点点地摸索，不断地思考，当他们多次成功后，慢慢地总结出他们的经验，获得启示，跟成人进行研究获得研究成果的过程非常相似。

幼儿玩智力玩具，从五子棋着手，慢慢玩复杂一点的跳棋、军棋，再到更复杂一些的中国象棋、围棋。在玩的过程中，孩子学会了思考。遇到生活中的问题时，他慢慢养成的思考习惯就会使他终身受益。一个善于思考和总结的人，什么事都能做好。

张家界国家森林公园门口有一尊雕像，是仿照著名雕塑家罗丹的作品《思想者》建造的，但是这个"思想者"是一只猿猴。这只会思考的猿猴也许是人类的祖先吧。不会思考的猴子最终还是猴子，会思考的猴子就进化成了人类。

2019年7月8日

研修日志五篇

设立恰当的教学层次

今天语文组活动，由兰老师上了一节口语交际课，课题是《我们的小制作》。没想到学生的手工制作那么出色，废旧物品制作的小台灯、小炮艇、小花篮、小蛋糕、小房子，好可爱！课堂上二（1）班的孩子们很活跃，很可爱！

兰老师先放映了小制作的幻灯片，看到屏幕上展示的一个个作品，孩子们很兴奋。接着，孩子们举起自己的小制作介绍作品名称。为了让孩子们学会介绍，兰老师把自己制作的"喜洋洋"鞭炮亮出来了。难怪学生制作得好，原来有巧手师傅呢。接下来，孩子们评选优秀作品，认为好的就贴上一个"小苹果"在制作者的额头。一会儿工夫，许多孩子额头上都有了"小苹果"，可高兴了！低年级孩子稚气未消，天真可爱。接着就是小组和全班交流：你喜欢谁的作品？制作者介绍自己怎么想到这个金点子的，怎么制作的，你还有哪些更好的建议。最后每个学生在作品上写上祝福的话送给喜欢的同学、老师、家长。

这不仅仅是一节课，学生花了很长时间制作、修改、美化自己的作品，本身也是一种学习；在课堂中学生活动很充分，展示、评价、询问、提建议，学生的主体地位得到展现。要深入思考的是，口语交际课，交际方法的运用重要，口语表达也很重要。教师课前对学生口语表达要达到一个什么样的层次要非常清晰。有了这个目标，就能很明确地设立教学层次，让学生在达到一个标准的基础上，再提高标准，学生的能力就逐步提高了。

2012年3月29日

同课异构，对比中思考

今天，市校本研修骨干班培训在我们开发区第一小学举行。为了提供良好的条件，前一天全校师生进行了大扫除，校园干干净净、明明亮亮的，这也是待客之举吧。五（1）、五（2）两个班学生早已得到通知，教师和学生们都做好了准备，知道将要上研讨课，精神状态挺不错。

下午，客人如期而至。我一直跟踪活动全程，听了两节课，也参与了活动。上课的两位教师，一位是农村学校的黄校长，一位是第八小学的黄老师，他们同课异构的课题是五年级课文的一篇小说《桥》。这篇小说语言简洁传神，刻画了山洪暴发时一位农村支部书记为让群众有序撤退，大公无私，最后牺牲的事。黄校长的基本功很扎实。这是一堂没有电化教学的课，非常朴实。他上第一课时，重点放在对暴雨的描写与朗读上。黄校长风趣幽默，把课文中各种修辞手法让学生理解得很透彻。第八小学的黄老师的课，重点突出，直入主题，把文中描写老支书的句子一一拿出来欣赏朗读，学生对老支书的铁面无私、临危不惧体会深刻。

研讨课采用同课异构的形式，参加活动的教师们观课议课，重点都聚焦在课堂，受到一线教师欢迎。相同的教学内容，不同的教师，不同的理解，不同的教材处理，不同的教法，这些都会促进教师的深入思考。不论怎样上课，适合学生的就是最好的。

（2012年4月13日）

呵护教师的积极性

同课异构展现在眼前的是不同的教师，不同的学生，不同的效果，难免让听课的教师有比较。这种比较最怕伤害到上课教师的积极性。他们勇敢地接受任务，直面这种困难，勇气可嘉。在议课环节，有没有一种很好的保护教师积极性的方法呢？因为教师是研修的主力军，我们研修的目的是让参与的教师有兴趣、有思考、有收获。思考良久，我觉得在议课时，一定要有一个环节——

两位上课教师分别谈自己对教材的理解、取舍，对学生学情的把握，对教材重点、难点的突破所采取的相应措施，然后其他教师根据这两位上课教师的说明，议论是否达到有效教学的目的。这样分别对教师的教学进行议课活动，能启发大家根据不同的学生情况，深入学情，从不同角度研究教材，设计教学环节，避免单纯地对两位教师的教学过程进行对比，便于保护教师的积极性。

2012年4月14日

精耕细作，弘扬中华传统文化

今天听了一节好课，很开心。虹老师上了一节三年级的古诗《乞巧》。音、诗、画，巧妙统一，给人一种美的享受。

这首诗描写古代过乞巧节时人们期盼自己心灵手巧、生活幸福的场景。原诗是这样：

乞 巧
林杰（唐）

七夕今宵看碧霄，
牵牛织女渡河桥。
家家乞巧望秋月，
穿尽红丝几万条。

《乞巧》是唐代诗人林杰描写民间七夕乞巧盛况的古诗，它浅显易懂，想象丰富，流传很广。

一年一度的七夕节又来到了，牵牛、织女再度横渡鹊桥来相会。赏月的人们纷纷情不自禁地抬头仰望浩瀚的天空，千家万户的女子都穿起红丝，月下斗巧。

虹老师采用自读古诗（读准字音、读出节奏、读出韵味），明了诗意，了解习俗的几个环节，让学生很轻松地理解掌握了全诗。现代人已经忘记七夕节的寓意和过节的方式，怎样让学生理解是这首诗的难点，虹老师采用了展示古代女子过七夕时乞巧的多幅画面和关于乞巧的一首现代儿歌的方法，使学生一下就理解了这首古诗。这种处理方式很好。

这节课音韵悠然，荡气回肠，给人以唯美的享受。

2012年4月19日

思考影响着教师的专业发展

今天下午，开发区小学数学五年级备课活动在我校举行，区里的五年级数学教师都来了，很热闹。活动开始是由我校的梅老师上《百分数的认识》，课的容量很大。梅老师从电视节目收视率的统计人数入手，然后让学生计算出分数，最后再转化为百分数。拓展环节是让学生收集展示生活中的百分数信息，巩固练习阶段是让学生了解森林覆盖率及一次性筷子的使用率，最后由学生总结出百分数的概念。

这节课由学生预习自学，课堂上学生尝试解题，教师点拨之后，学生讨论交流。这是一节教学理念比较新的课，效果很好。

令我感慨的是议课时梅老师说的一句话："我一直在想，学生预习后的课该怎么教这个问题。学生已经学明白的是哪些，如果教师不在课堂随时了解调控，学生就会厌烦；对于重点、难点的地方，教师要简洁明了地进行点拨。"

不断地思考教学，深入地研究学生，这是我们教师专注于教学和教育永恒的主题。教师的思考深深影响着教师专业发展的深度和广度。

2012年4月28日

怎样引导学生理解《小猴子下山》的中心思想

2019年4月，一位美丽又可爱的年轻女教师上统编教材一年级下册《小猴子下山》第二课时。这篇课文有趣又道理深刻，教材改革后依然做了保留。课文前面三个自然段都采用了相同的句式，写小猴子下山来到什么地方，看到什么，做了什么，第四自然段写小猴子什么也没有得到，难过极了。上课教师紧紧抓住了课文特点，采用了低年级学生喜爱的游戏闯关形式，回顾课文内容时，让学生说说"小猴子下山来到什么地方、看到什么、做了什么"，然后补充绘画式板书，了解小猴子下山的路线，接着学习课文各段落，积累词语"又____又____"，然后通过做动作、看图片理解不同动词的意思及区别，最后总结课文内容，启发学生："你想对小猴子说些什么？"

这堂课有很多优点，教师的教学流程一气呵成，学生的回答也有很多亮点。厘清课文脉络、了解课文主要内容和层次、训练学生的语言运用、体会众多动词的意思和区别、生字书写的教学流程、动画课件的制作等，都展现了上课教师扎实的基本功以及对教材教法恰到好处的运用。教师激励性语言的运用，甜美可爱的教态，不但给上课的一年级学生带来快乐，也给听课的老师带来享受。

学完课文，领会中心时，遇到了点麻烦："你想对小猴子说些什么？"几个学生站起来都是问："小猴子，你为什么要扔了玉米（桃子、西瓜）呢？"……这时教师出示了一段话点明课文中心思想，让学生齐读一遍："做事没有明确的目标，而且三心二意，所以最终它什么也没有得到。"

一年级学生对"明确的目标"和"三心二意"是陌生的，更不懂得这两个词语的意思。怎样不着痕迹地使学生领悟课文要说明的道理呢？建议从学生已经懂得的知识和已有的认识基础出发，放低教学要求，可以试着采用以下的教学过程：

1. 回顾全文，看着绘画式板书，说一说：

"小猴子看见____就____。"

虚拟学生的回答：

"小猴子看见<u>又大又红的桃子</u>就<u>扔了玉米</u>。"

"小猴子看见<u>又大又圆的西瓜</u>就<u>丢了桃子</u>。"

"小猴子看见<u>蹦蹦跳跳的小兔子</u>就<u>放下了西瓜</u>。"

2. 学生尝试小结：小猴子一会儿……一会儿……一会儿……一会儿……

（小猴子一会儿掰玉米，一会儿摘桃子，一会儿摘西瓜，一会儿追兔子。）

3. 这样做事就是三心二意，结果就是"小猴子_____。"（小猴子只好空着手回家了。）

4. 小猴子很难过，后悔自己做错了。它也想有所收获，你能告诉它应该怎么做吗？请用"小猴子，要是你_____，就能_____。"说一说自己的想法。

虚拟学生回答：

小猴子，要是你<u>一直扛着玉米回家，就能吃到又甜又脆的玉米了</u>。

小猴子，要是你<u>一直捧着桃子回家，就能尝一尝又大又红的桃子了</u>。

小猴子，要是你<u>一直抱着西瓜回家，就能吃到甜津津的西瓜了</u>。

这个教学过程的设计是本着学生学完课文后，从已有的知识水平出发，从课文内容里总结出小猴子是怎样三心二意的。它因为三心二意，所以一无所获，什么也没有得到，"只好空着手回家了"。而要让学生明白不能三心二意做事还不够，应当从课文中得到正面的启示，即应该怎么做才能有收获，所以采用说话训练"小猴子，要是你_____，就能_____。"，让学生总结出学习课文后得到的正面启示。

一年级学生还没有从课文里正式学过"一心一意"，所以教学时，只需要让学生明白"一心一意"地做某事，就是指"一直做某事"即可。这个说话训练就是引导学生联系课文内容，自己总结出获得的启示。

2019年5月18日

改变一个学生，要改变他的人生目标

2017年11月，将近期中考试时，我接受了二年级一个班的语文教学工作。这个班的成绩在全年级排倒数。几个年轻教师分别到班里上了两天课后，都跑到校长室哭诉，不愿意接班。这个班的孩子运气不好，刚上一年级，正赶上国家放开二胎政策，班主任语文老师、数学老师相继怀二胎请假保胎，又相继生二胎请产假。即使两位任课教师教学管理能力非常不错，也架不住请假时间长，学生形成的良好行为习惯没有坚持下来，所以才有几位年轻教师不愿意接手的事情发生。而当时，学校人手严重不足，当学校决定调我去教这个班的时候，我接受了。不是我有什么了不起，而是这些学生本属无辜。虽然时运不济，他们也不应当受亏欠。我和新班主任一接手就着手整个班级的行为习惯的培养、良好班风的树立。虽然相当辛苦，但看着学生一点点进步，我们老师和学生以及家长都非常高兴。

改变一个学生，就要改变他的人生目标。我把每一条标准的具体要求详细地讲解给学生听，然后要他们背熟这几条标准，要求烂熟于心，做到随时都能背诵出来。全体学生每天上课前都要大声朗读，所有人用"我做优秀生"激励自己。班级的目标是"争当学校星级班"，就是要求在日常行为规范检查中，争取在每周班级综合评比中获校级奖励。

这个优秀生标准并不高，但对于这个班来说正合适。因为大部分学生稍微努力控制好自己，几乎都能做到。每个学生的心里都住着一个"好小孩"，他们都是期望自己成为优秀生的。美国NLP课程告诉我们，一个行为只要连续坚持二十一天，就能形成固定的习惯。好习惯的形成更需要长久坚持。在"我做优秀生"的活动中，每天的课堂都会表扬达到七条标准中任意一条的学生：大力表扬认真早读、课堂积极发言、认真完成作业、做好值日搞好班级卫生的行为，同时隆重表扬乐于助人的学生和家长。家长虽然不在现场，但是学生一定会回家转告他的父母。重点奖励"乐于助人"主要是想形成"我为人人，人人为我"的良好班风。教师、家长、学生的目标统一了，大家就能一齐朝着目标去努力。

在绝大多数学生达到优秀生标准后，班级面貌焕然一新。大家经过一个学期的努力，班级几乎每周都可以获得校级星级班的奖励了。其他班级的教师从我们班经过，都竖起大拇指。进入三年级，全班学生日常行为习惯形成后，"普通版"优秀生的目标显然不够了，因此确立"升级版"优秀生标准提上日程。

随着学科知识难度的增加，低年级那种语文、数学经常考100分的情况变少了，因此勤奋学习、争取优异成绩成了新目标。

这个班从一年级起，教室在教学楼二楼左侧的楼梯口旁，而这个楼梯正对着教室后门，是学生、教师、来往人员出入的主要楼梯，学生很容易透过教室的玻璃窗看到来来往往的人，所以很多学生注意力集中的时间非常短。因此，培养注意力集中也是一个目标。通过进行注意力的测试和一系列的训练，慢慢地，全班学生可以较长时间做到精力集中不受外界打扰了。

学习的动机来自不同方面，如果目标远大，出发点是利他，这种追求所产生的动力最大最持久；如果目标较小，出发点是利己，所产生的动力就要小得多；如果没有目标，属于做一天和尚撞一天钟、只图眼前快活的，偶尔也会有中等成绩，但大都不会有优秀的成绩。

一方面我利用课外阅读，每学期推荐读名人传记，如《大地之子——周恩来》《航天之父——钱学森》《雷锋的故事》《科学家的故事》等；另一方面讲述毛泽东主席放弃优越的国民党中央候补委员代理宣传部部长的职位待遇而参加革命，讲述朱德放弃云南少将旅长的优越生活而举行南昌起义。他们进入井冈山，过着艰苦卓绝、动荡不安的革命生活，为的不是个人，而是领导全国人民抗日，推翻国民党黑暗腐败的统治，为大众求民主，谋幸福。我讲述德兰修女只身进入印度最贫穷的地区，建医院、办学校，以纤弱之躯改善印度底层人民生活的故事。

对于三年级学生来讲，引导他们把目光从小我、从眼前扩大到大众、远方，不是一蹴而就的事，需要坚持。我坚信水滴石穿。坚持的后面就是一个信念："改变一个学生，就要改变他的目标！"

　　四年级第一学期末，学校奖励年级总成绩前十名的学生，前五名当中，我们班就有三个。四年级第二学期期中考试交叉阅卷后，语文、数学、英语年级第一名的学生就是我们班级的小浩，他三科都是100分。我找他谈话，问："最近成绩稳步上升，突飞猛进，是因为有目标吗？"他非常坚定地点头："是的！我想成为一名科学家。"

　　从幼儿时期开始，学生的理想源自家庭的影响、幼儿园的教育、对某些职业的崇拜，但是并没有学生个人对自己兴趣爱好天赋的深入了解，所以随着年龄慢慢长大，不知道未来干什么、失去理想和目标的情况增多了，这种情况很正常也很普遍。古人说"自知者明"，认识自己最难。那些早早认识了自我，树立了目标的人，就是先行者。目标越来越清晰的学生，少了迷茫、彷徨，少走弯路，走得更快更远。

　　"改变一个学生，就要改变他的目标。"引导他们树立一个利他的大目标，订立一个个小目标，慢慢地，他们将越走越远、越走越好，这是成长，也是师者的快乐。

2019年5月5日

细致观察学习行为，帮助他们走出困境

在教学中，我们会发现有部分学生智力与其他学生一样，作业也完成了，但就是成绩不好。仔细观察这些学生的学习行为，就会发现他们与别人不一样。

同样是读书。手拿着课本，但眼球并没有盯着读的文字，而是来回乱转；看黑板齐读时，别的学生盯着黑板，他们的脑袋来回乱晃。读完几遍，抽查背诵，不记得了。

同样是抄写。抄一个词五遍，他们会把第一个字抄五遍，再抄另一个字五遍。虽然同样花了时间和精力，对这个词却并不熟练；抄写一句话，他们看一个字写一个字，抄完一遍下来，半句都记不住，更不用说背诵默写了。

同样是练习背诵课文。他们把课文从头读到尾，一下子读完几个自然段。几遍读下来，没有一个自然段是能熟读成诵的。

读书、写字、背诵都是语言学习最基本的形式，如果没有训练学生正确的学习方法，会造成他们"花费力气百千万，收获为零蛋"。

读书时，讲究聚精会神、全神贯注。精神是否集中的观察点在眼球。眼球聚焦在文字图像上，文字和图像才能传送到大脑皮层。

抄写时，掌握好一个词的两个字、三个字，一次性把几个字写下来，再看一遍词语，抄第二遍，如此下来，抄写几遍才能对词语有完整的、正确的印象。

背诵时，"熟读才能成诵"。练习时，必须先确定目标：读好一个自然段。把这个自然段里的每一个半句读三遍，每一句都读完三遍，再把整个自然段从头到尾读两遍。这样做，那些长句、难句就都读熟练了，再把整段读熟，就能达到背诵的程度。教材改革以后，即使是一年级，一篇课文的篇幅也很长。如果学生没有掌握正确的熟读方法，对课文整句、整段、整篇的印象模模糊糊，学习的效果就会大打折扣。

新教材推广以来，许多教师处在熟悉教材、教法的过程当中，家长更是全新地接触教材。如果部分家长的文化程度低，辅导孩子学习的能力弱，因生活压力巨大，管束孩子的时间又少，所以当孩子的学习方法有欠缺时，从低年级起孩子就成为学困生，这是家长、老师不愿意看到的，学生更是难受。因此，低年级教师对学生最基本的学习方法进行训练显得尤为重要。

"教者，仁心。"曾经有一句话说，关爱差生不仅仅是指发现他们的优点和闪光点，及时表扬和鼓励，还要仔细观察他们的学习行为，教授正确的学习方法，使他们和班级同学一齐进步，感受到学习的快乐，才是对他们最根本的爱。

2019年5月12日

及时记录和辅导，把查漏补缺惠及每个学生

　　教师的好习惯是成就学生的台阶。无论做什么事，坚持才会有效果，有效果才会产生成就感，有成就感才会继续坚持，久而久之，才能养成良好的习惯。教师的好习惯的形成也是如此。

　　每个学生的接受能力不一样，可能由于某种原因，造成部分学生有一些知识点没掌握好，这是常有的事情。知识是相关联的，一个知识点没掌握好，就影响下个知识点的理解运用。教师在检查作业或批改试卷时发现了，除了要求学生更正以外，最好专门设立记录本，及时记下知识点和没有掌握的学生姓名。待课间找到他们，一一讲解，及时给学生查漏补缺。

　　教师经常这样做，记录得多了，班级里学生的学习情况就了解得很清楚，在教学中容易"有的放矢"。在试卷讲评时，点到这部分学生姓名，让他们集中注意力听明白要点，尽量在课堂中多举相关的例子让他们思考，出几个类似的题让他们口答，直到他们学会为止。他们掌握了相关知识点，比任何奖励表扬都高兴。正如爱钻研的爱迪生趴在鸡蛋上孵小鸡几个小时都不知疲倦一样，学生只有体会到学习的乐趣，才会真正爱上学习，做到学而不厌。教师经常给他们查漏补缺，学生会觉得老师花很多时间让他掌握知识，是很重视他，会从心底里感谢老师的培养。教师长期坚持这样做，每个学生的知识就会掌握得很扎实，成绩自然也会提高。

　　做到"日日清、堂堂清"不容易，需要教师付出很多精力。长年累月、默默无闻地付出，帮助学生扫清学习道路上的一个个障碍，使他们充满自信，轻松愉快地攻克每一个难点，确实平凡而伟大。

2019年5月18日

培养知音

"山青青，水碧碧，高山流水觅知音"，知音难觅啊。站在讲台上，面对着新班级里几十双清澈明亮的眼睛，我期待着自己一句善意的玩笑、信手拈来的小故事，他们听了就能会心地笑出声，我更期待我们之间能心意相通、情投意合。于是，我着手培养"知音"。

知音就是"心有灵犀一点通"，首先要有共同语言。我把共同阅读放在培养"知音"的首位。我读了《明朝那些事儿》颇有感受，急欲找人倾吐交流。在学校开设的课外阅读课上，我卖了一个关子："一个人出身低微，父母也无文化，取个名字都叫朱重八。他放了十二年牛，做了三年和尚，最后却成了有名的皇帝。他有什么特别的能耐？想知道吧？"底下的学生个个大喊："想！快告诉我们吧！""我可讲不清，赶紧去看《明朝那些事儿》第一部吧！"

方法奏效了。过了几天，有学生捧着这本书来找我了。"知音"登门了！我窃喜。"老师，这本书好幽默哦，朱元璋好厉害呀！"师生来一番交流，来一番感慨，很过瘾。于是，隆重地来一次表扬，奖励一张表扬信。"知音"的队伍越来越大了。共同阅读伴随着"知音"长大。这期间，我们读过了《袁隆平传》《少儿百科全书》《狼王梦》之类的名人传记、科普、小说等书。阅读交流课上，每个人都侃侃而谈，大家说起自己的感受，真有股"英雄所见略同"的味道。共同语言多了，课堂上，举一反三，触类旁通，天文地理、动植物、人类发展、科学技术……那几十双眼睛越来越亮了。有时候，刚讲到某些课外知识，早有学生把手举得高高的，"我知道！我知道！"正好！就让他们来讲呗，我在一旁偷着乐呢。今年5月全市的"大阅读"展示会上，这帮家伙可出风头了，特别是课外知识抢答赛，《三国演义》中刘备、张飞、关羽使用的什么武器，那答案是张口就来。观看活动的各中小学校长兴奋不已："这帮孩子伶牙俐齿，太厉害太可爱了！"我们的目的不正是要把他们培养得比我们更出色吗？

熟识了，了解了，心灵更相通了。某天，学生犯了一点小错，我讲了一则小故事后，然后"狡黠"地问全班学生："你们知道老师为什么讲这个故事吗？"学生很快意会，笑了。哪用得着再去说呢？知弦外之音，免却直白之苦，还是"知音"好呀。

教学久了最怕惰性。我庆幸有这帮"知音"。小学中年级语文课本每篇都有十几个生字，以往生字教学最枯燥，大家都怕。我和学生们决心向生字教学挑战，大家约定一定要把生字的学习变得好玩、有意思。我们经常交流学习感受，互相商量学习的方式，寻找快乐的学习方法。慢慢地，生字课成了我们的最爱。我们终于超越了自我。

感谢"知音"帮助我们共同成长。

2011年6月19日

让学生探究

在一节历史课上，我让学生观察"北京人"胸像（距今70万—23万年前）与广东"马坝人"（距今12万年前）的区别，猜一猜是什么原因造成了他们的差别。学生从"北京人""马坝人"的毛发多少、额头宽窄、眼睛大小、脸的长短、嘴唇的突缩、背部的弯直来进行猜测。有的说："'北京人'直立行走的时间没有'马坝人'那么长，所以'马坝人'背要直一点。"有的说："'北京人'住的地方气温低，'马坝人'住在广东，天气热，所以'马坝人'毛发很少。"还有的说："'北京人'有时候还要爬着走，眼睛望得不远、不宽，'马坝人'完全直立行走，看得远，看得宽，所以'马坝人'的眼睛大。"

在教《孙子兵法》一章时，我让学生找出《孙子兵法》的主要战术观点，再让他们试着谈谈在学校生活中怎么运用"避实就虚"的战术。有的说："除了学习竞争对手的优点以外，发挥我有他没有的长处，就能超过他。"有的说得更具体："别人跑步很好，可是我会打乒乓球呀。我把乒乓球练好，代表班级参加运动会，这也是'避实就虚'。"接着，我又出讨论题：假如你的爸爸开了一个商店，对面也有一个商店，请给你爸爸出出主意怎么和对手竞争。学生的回答更有趣："我也运用'避实就虚'，他们毛巾卖得好，我们就专卖玩具。"有的说："他们货物好，我们就在热情礼貌上下功夫。"

此文发表于2003年《广东教育》，2003年6月15日

以生为本，多种方法挖掘学生潜能

——心理健康团体辅导课小记

郭思乐教授"生本教育"的思想理念是："一切为了学生，高度尊重学生，全面依靠学生。"为了挖掘学生的潜能，促进学生主动发展，心理健康团体辅导课中，我也贯彻这些思想，采用了多种办法。

一、以生为本，注重发挥学生的主动性

学生的潜能是无限的，他们主动进行学习、思考后，发表自己的看法，获得不同程度的收获；老师认真倾听学生讨论、发言，进行点拨，让学生的思维得到更好的锻炼，能够激发学生的潜能。

在今年的健康教育教学中，我特别注重发挥学生的主动性。我把本学期的心理健康教学分为"学习心理""人际交往心理""家庭生活心理"几个方面进行教学安排。在"学习心理"教学中，我安排了"简单的发现""比较观察""思维的条理性""模仿与创新""轻松迎考试"等几个方面的内容。在训练学生的观察思维能力方面，在教学当中我尽量寻找学生感兴趣、能锻炼思维的话题引起他们的兴趣，激起他们互相比赛竞争。如让他们拿出一张长方形的纸，用不同的办法把它分为大小相同的两份。绝大多数学生想到的是用横对折、竖对折的办法，很多学生想到斜对折的办法，个别学生想出了分割成两个相等的梯形的办法。此时，再次锻炼学生的思维就需要教师的引导了。为了激发他们的潜能，这时候我提示：分为两个相等的部分，不一定是直线图形。点拨后，一个学生想出了用S形线条分割长方形的办法，我及时大张旗鼓地表扬，其他学生马上想出了更多的分割方法：闪电形状分割、工字形状分割等办法，

学生的创造力一下子喷发出来。

在两条直线、两个圆、一个三角形排列成不同形状的教学中，我每次都把别的班级学生所排列的数量告诉他们，激起他们向别班同学挑战的欲望。结果排列的方式一个班比一个班多，真正使学生的潜能得到最大的激发。

只有在教学中发挥了学生的主动性，创造力才能发挥出来。

二、方法多样，营造快乐的课堂

哪个学生不喜欢"玩中学，学中玩"呢？课堂里充满欢声笑语是每一个教师和学生翘首企盼的。营造快乐的课堂需要我们采用多种教学方式。方法的多样，可以调整教学的节奏，活跃课堂气氛，使课堂不再单调，提高教学的效率。我在教学中一直遵循着这样的规律，多种教学方式并行，学生在课堂上快乐地参与到每一个环节当中，下课后依依不舍，期待着下一周的健康课。在《勤劳无价》的教学中，我采用师生互动式讲故事的办法，在故事的多个环节中引导学生猜测勤劳老汉埋藏的宝贝到底是什么？到底埋在哪？懒惰的儿子们为了宝贝挖了几个月后，依然一无所获时，他们在一起会讨论些什么？庄稼获得丰收后，他们又会怎么思考父亲留下的宝贝？让他们讨论交流。互动式讲故事的办法使他们兴趣盎然，他们个个关心老汉的遗嘱、儿子们的命运，最终获得启示。

在讲《去除杂草最好的办法》的故事时，我首先让一组学生扮演小和尚，积极思考各种办法。在讲出老和尚采用种麦子去除杂草的办法后，学生们恍然大悟，豁然开朗。

三、因材施教，注重教学针对性

我校的学生来源复杂，务工子弟和留守儿童占很大比例，他们的心理健康水平急需重视与引导。学生到了十岁左右，男女生之间不知不觉产生了隔阂。为了消除男女生界限，使他们更加团结，得依靠更有针对性的教学。为了教育取得预期的效果，适合他们心理发展的需求，我在《风雨同舟》《同心锁》的教学中使用了游戏的环节。在刚宣布完游戏规则后，班级学生一片哗然："男同学要和女同学抱紧胳膊在一起才能完成游戏！""男生和女生要手拉手才行！"很多学生纷纷躲避异性同学，有一位男同学怎么都不肯上台参与游戏。

于是，我采用了小组比赛的方式，各小组的集体荣誉感还是很强的，在一定要取得胜利、不能输给别组的竞争心态中，学生终于战胜了羞涩，勇敢地抱成一团，圆满地完成游戏任务。

讲故事、玩游戏、动手操作、讨论交流，多种方式的教学使课堂生动活泼，让学生深深地爱上了心理健康团体辅导课。

紧紧依靠学生，突出合作、探究，开启智慧，培育创造，激发出学生无限的潜能，使健康教学充满快乐和激情。

2013年7月13日

注重体验与感受，快乐健康课

小学生好奇、好动、好学，他们喜欢探索和冒险，喜欢亲身去体验，这样获得的知识印象非常深刻。在小学健康教育课关于"了解人体"的系列课程教学中，我们可以采用多种方法引导学生亲自体验与感受人体器官的存在、使用，达到使学生热爱自己的身体，感受生命奇特的教学目标。

例如，在《人体的血液循环系统》教学过程中，让学生触摸左胸，感受心脏的跳动；戴上听诊器听听自己"咚咚"有节律的心跳，学生很兴奋，"啊，这是我心脏跳动的声音，好特别呀""心脏跳得好有力"。接着，让学生找到手腕上的脉搏，数一数一分钟脉搏跳动多少次，然后两个同学互相把把脉，体验不同的人脉搏跳动的不同，了解中医就是通过这些方法判断每个人健康程度的不同。

在学生了解动脉、静脉的作用后，让学生触摸颈总动脉，感受它的律动，了解腋下动脉、大腿动脉所在，学生就亲身体会到人体神奇的地方——身体能够本能地保护动脉和重要器官，学生就懂得生活中要注意保护动脉，不让它受伤。

再如，在《人体的呼吸系统》教学中，让学生测一测能憋气多长时间，感受呼吸对人体的重要；学一学深呼吸，谈谈自己深呼吸后的感受，让学生体验腹式呼吸更有利于健康；做一做小跑步，感觉呼吸变得急促，体验人体呼吸系统的神奇调节作用；做一做小游戏，看谁把水盆里的乒乓球吹得远；比一比肺活量大小，引导学生积极锻炼身体，增加肺活量。

这些教学环节的设计使用，使得健康课程的学习变得轻松快乐，从而使学生爱上健康课，爱上自己的身体。

小学生是天生的学习者，他们喜欢亲自去做一做，不喜欢一味地听老师、同学讲述知识。像"了解人体"的教学章节，多采用"摸一摸、听一听、做一做"的方法，增加学生动手触摸感觉的机会，提供动手实践的平台，他们会更喜欢健康课，会更深刻地感受到人体的奇妙，也会更愉快地接纳自我、喜欢自我。

2016年12月18日

理想，植根在现实的沃土

——看《乡村女教师》有感

2009年8月25日新学期教师集中，全校教师观看了影片《乡村女教师》。开始电教室里传来各种杂声，慢慢地，变得一片沉寂。环视四周，泪水模糊了老师们的眼睛。

——题记

《乡村女教师》这部影片讲述了俄国沙皇统治时期一位女教师的事迹。师范学校的高才生瓦尔娃娜，这个瘦弱的女孩，心中有一个崇高的理想：到流放罪犯的西伯利亚去从教。她认为：只要真心诚意地通过教育去感化他们，他们一定能成为好人。实现理想的过程何其艰难！但西伯利亚艰苦恶劣的自然环境阻挡不了她，愚昧无知的冷嘲热讽阻挡不了她，困境重重的教学环境也阻挡不了她。她坚守自己的信念：教育一定能改变西伯利亚贫穷落后的面貌！几十年来，她无私无畏的付出使西伯利亚迎来了绿意盎然的春天：文明得以传播，知识的种子在萌芽。这里的每个人都真心诚意地感激她、敬仰她。

肖川教授在《教育的理想与信念》中说："我所能想到的最重要、最有价值的事情，莫过于受到良好的教育。因为只有良好的教育才能使我们秉有渊深的学识、清明的才智、通达的性情、宽广的胸怀和高贵的修养。"每一个怀着教育情怀、教育理想的人，都渴望通过自己的努力去实现它。既要仰望星空，又要脚踏实地。理想之树只有植根在现实的沃土，才能茁壮成长。到课堂中去，到学生中去，到家长中去，到社区中去，到一切有学生活动的地方去观察、去了解、去访谈、去研究……可贵可爱的童心童趣，会令你保持教育的初心；困惑疑难，会促使你思考，令你成长。

苏格拉底说："世上最快乐的事，莫过于为理想而奋斗。"

理想是指路明灯，让我们一步一步踏实前行。

2019年9月27日

后 记

爱出者爱返，福往者福临

2010年，我参加工作二十一年，也是毕业后从湖南省望城县城关镇胜利小学调到广东省湛江市的第十四个年头。有一天，我在办公室接到一个电话："您是谭湘群老师吗？我是您在湖南的学生杨新宇。"教过六年，一听名字，新宇胖乎乎、个头高高的、淳朴善良的样子一下子出现在脑海。他说自己在准备硕士毕业论文，很想知道当年的小学老师在哪里，就上网搜索，还真找到了。那一天，我们聊了很久。我很感动。当年教完他们小学毕业，我就调到了湛江市第二十五小学，而他们走进了初中、高中、大学，经历了课业繁重的求学阶段，而当年靠近县城的农村小学早已经撤并，小学同学很多失去了联系。

2011年，我接到了一个电话，也是带的第一届毕业班学生卞艳媛打来的。她在北方大学毕业后回到湖南卫视工作了几年，现在自己创业。她是通过她姐姐送孩子上幼儿园遇到老校长送孙女，才打听到我的电话。当他们的班主任六年，对每一个学生的情况了如指掌，对他们的兄弟姐妹都非常熟悉。艳媛是班长，组织能力特别强。后来全班学生组织了一次班级聚会，朱娜、姚佳特地把我从长沙接到望城，除了在成都等外地工作的，很多学生都来了，只教了一年就转学的纪艳也来了，大家一起回到原来的校园，重温美好的时光。

校园已经变成了一个小工厂，好在影响不大，升旗台花坛的雪松已经和旗杆一样高了，教室前的法国梧桐枝繁叶茂，玉兰花已经很粗壮了，运动场四周的水杉树高大挺拔。是啊，那些可爱的学生都已经长大成人，学业已成，在各自的单位都能独当一面了。他们送给我一大束鲜花，我们一起拍照合影，我们一起回忆那些美好的时光。刚毕业时，住在学校，精力旺盛，我每天放学后带他们跳儿童迪斯科，做游戏，排练节目参加比赛，周末我们一起去河边柳树林里野炊，要写"记班级的一次集体活动"的作文，我们就一起在田野里放风筝；要写观察日记，我们就在校园运动场四周的小树林里细心观察和记录……他们的口头表达和写作能力特别强，艳媛参加长沙市小学生现场作文比赛还获得了一等奖。每一个学生家我都去家访，下雨天推着自行车在烂泥里前行，去看望得了狂犬病的学生，晚上带总做噩梦的女学生睡觉，去和家庭困难的学生家长聊天了解学生生活和学习安排……甚至我调到湛江后，很多学生写信给我，有的告诉我其父亲中风一年后身体恢复了很多，我真为她高兴；有的告诉我家庭里几个姐妹都孝顺父母，努力学习；还有学生考上中专后，母亲却得癌症，我马上寄钱去救助……

到湛江任教后，蔡婵婵在英国留学期间与我用邮件联系，告诉我她学习了会计，考了注册会计师，还一定要做我的干女儿。

参加工作后的青云在会议名单上看到我的名字，飞奔到会场找我……

如今，六年之前教的一年级学生毕业了，他们全班派了十几个家长和学生做代表，到家里来看望我，送了我一大束鲜花，我们一起开心地拍照，表达美好的祝愿……

每一年的教师节，我会收到很多学生的问候和祝福，感受到教师的那份独有的幸福。

教师，这个职业确实与众不同，接触的是人，受影响的也是人。一个人一生中接触的人很多很多，在众多学生的心里，能占住一个小小的位置，回忆起来是暖暖的感觉，我觉得这就是件了不起的事，这份骄傲与自豪属于我们教师！

爱出者爱返，福往者福临。为他人付出无私的爱，一定会有爱的回响；把祝福衷心送给别人，一定会有美好的祝福来临。

教师，你的无私，你的奉献，你的辛劳，都会化为爱和祝福环绕着你，温暖着你的心灵，幸福着你的人生。

谭湘群

2019年7月12日